青春励志文学馆·少年成长智慧故事

你的坚持，终将美好

文祺　段红霞 ◎ 编著

长　春

成长寄语

美国西部的一个小乡村，一名家境清贫的少年在15岁那年，写下了他宏伟的"一生的志愿"：要到尼罗河、亚马孙河和刚果河探险；要登上珠穆朗玛峰、乞力马扎罗山和麦金利峰；驾驭大象、骆驼、鸵鸟和野马；探访马可·波罗和亚历山大一世走过的足迹，主演一部像《人猿泰山》那样的电影；驾驶飞行器起飞降落；读完莎士比亚、柏拉图和亚里士多德的著作；谱一部乐曲；写一本书；拥有一项发明专利；给非洲的孩子筹集100万美元捐款……

他洋洋洒洒地一口气列举了127项人生的宏伟志愿。不要说实现它们，就是看一看，就足以让人生畏了。

少年的心却被他那庞大的"一生的志愿"鼓动得风帆劲起，他的全部心思都已被那"一生的志愿"紧紧地牵引着，并让他从此开始了将梦想变为现实的漫漫征程。他一路风霜雪雨，硬是把一个个近乎空想的夙愿，变成了一个个活生生的现实，他也因此一次次地品味到了搏击与成功的喜悦。44年后，他终于实现了"一生的志愿"中的106个愿望。

他就是20世纪著名的探险家约翰·戈达德。

当有人惊讶地追问他是凭借着怎样的力量，把那许多的"不可能"都踩在了脚下时，他微笑着如此回答："很简单，我只是让心灵先到达那个地方，随后，周身就有了一股神奇的力量，接下来，就只需沿着心灵的召唤前进了。"

人生好比一个大舞台，每个人既是主角，又是观众。而你的舞台有多大，你的表演能被多少人接受，将取决于你的理想和信念。自己有目标，并且有上进心，不停地付诸实践，那么，你人生的舞台将会无止境，你的观众也将越来越多，你的人生也将因此而精彩。你的舞台，终将广阔。你的坚持，终将美好！

目录 Contents

第一章 你的心有多大，你的舞台就有多大

只要坚持自己的理想，总有一天会成功 ……………………………… 002
在信念的感召之下，困难都会迎刃而解 …………………………… 006
只有目标明确，才能以最快的速度实现目标 ……………………… 008
人往往不是被对手打败的，而是输在轻敌上 ……………………… 010
把空想和行动结合起来，空想才有价值 …………………………… 013
自己不熟悉的领域，不要轻易涉足 ………………………………… 016
很多时候很多事情，并没有想象中的那么严重 …………………… 018
每个人都是独特的，都有比其他人做得更好的地方 ……………… 021
不要因为利小而不为，要为长远利益做打算 ……………………… 023

第二章 虽然不是第一个想的人，但可以是第一个尝试的人

创新需要跨越，跨越才能成功 ……………………………………… 026
不要害怕变化，变化中往往孕育着机会 …………………………… 028
做第一个尝试的人，等待你的往往是惊喜 ………………………… 030
解决问题之前，先找到问题的关键所在 …………………………… 032
解决问题的根本，不是问题而是人 ………………………………… 034
盲目地相信某些规律，只会制造更多的问题 ……………………… 036
创新应符合常理，不要一味地搞怪作秀 …………………………… 039
不断挑战自我极限，就没有什么事是做不到的 …………………… 041
要跨越生命中的障碍，就要不断地转换生存状态 ………………… 043

你的坚持，终将美好

第三章　不能改变结果，就改变游戏规则

在最自然状态下的选择，才是最真的选择 …… 046
只要是自己的劳动所得，没有什么不好接受的 …… 048
与其制订漫长的计划，不如立即开始行动 …… 050
在气头上的时候，不要轻易说话或行动 …… 052
不要仅凭一两次的侥幸，就只想去做侥幸的事 …… 054
巧妙地利用潜在的资源，能把不可能变成可能 …… 056
有些建议的价值，远远超过行动的价值 …… 058
稍稍转变一下思想，往往就会出现新的转机 …… 060
在自然规律面前，人人都是平等的 …… 063

第四章　如果无法改变环境，那就改变自己的态度

只要心存希望，幸福的未来就会冲你招手 …… 066
管理好自己的情绪，才能变得稳重而理性 …… 068
命运全在搏击，奋斗就有希望 …… 070
真正伟大的人，不会计较自己的功劳 …… 072
衡量幸福的砝码，就在我们自己心中 …… 075
打败惰性心理，才能发挥超常水平 …… 077
摘下有色眼镜，才能看到得到更多 …… 079
唯有丰富的人生，才不会排斥与磨难同行 …… 081
守得住自己的信念，耐得住外来的苦楚 …… 083

你的坚持，终将美好

第五章 从某种意义上说，我们每个人都是百万富翁

想要达到最高处，必须从最低处开始 ………………………… 086
被别人抢不走的知识，才是属于自己的知识 ……………… 088
好东西不一定适合，适合的也不一定是好东西 …………… 090
只要做出了承诺，就要用行动去兑现 ……………………… 092
把衡量得失的标准绝对化，只能是自寻烦恼 ……………… 094
一个人唯有身心和谐，才能发挥出最佳水平 ……………… 096
一次判断失误，往往就会导致一桩憾事 …………………… 099
生存固然重要，但决不能放弃自由 ………………………… 101

第六章 学会放下与知足，幸福快乐自然来

安排自己的想法，安排自己的快乐 ………………………… 104
有些东西既然放不下，就要对它们负有责任 ……………… 106
等待是一种经历，学会等待才能懂得幸福 ………………… 108
能够坚强地活着，就是一种莫大的幸运 …………………… 110
在需要的时候得到满足，就是一种幸福 …………………… 112
钱多并不能使人真正快乐，快乐与金钱的多少无关 ……… 114
对于某些人来说，浅薄也是一种快乐 ……………………… 116
有些看起来很重要的东西，其实与幸福无关 ……………… 118
无论在什么情况下，都可以生活得很快乐 ………………… 120

第一章

你的心有多大，你的舞台就有多大

世上没有完不成的心愿，也没有办不到的事情，只有我们想不到的事情和不愿意去做的事情。不管你的心愿有多少，也不管它们有多么不可思议，只要你愿意，只要你用心去努力，就会有实现的那一天。记住：一个人的心有多大，舞台就有多大。

只要坚持自己的理想，总有一天会成功

梦想只要能持久，就能成为现实。我们不就是生活在梦想中的吗？——丁尼生

阿兰·米穆是一名从社会最底层拼搏出来的法国当代著名长跑运动员，他曾是法国一万米长跑纪录的创造者、第十四届伦敦奥运会一万米赛的亚军、第十五届赫尔辛基奥运会五千米的亚军、第十六届墨尔本奥运会马拉松赛的冠军，后来在法国国家体育学院执教。

米穆出生在一个相当贫寒的家庭。从孩提时代起，他就非常喜欢运动。可是，家里很穷，他甚至连饭都吃不饱，这对任何一个喜欢运动的人来讲都是颇为难堪的。例如，米穆就是光着脚踢足球的，因为他舍不得穿鞋子。他母亲好不容易替他买了双草底帆布鞋，为的是让他去学校念书时穿的。如果米穆的父亲看见他穿着这双鞋子踢足球，就会狠狠地揍他一顿，因为父亲不想让他把鞋子穿破。

11岁半时，米穆已经有了小学毕业文凭，而且评语很好。他母亲对他说："你终于有文凭了，这太好了！"可怜的母亲去为他申请助学金，但是，遭到了拒绝。

这是多么不公正啊！他们不给米穆助学金，却把助学金给了

比他富有得多的殖民者的孩子们。鉴于这种不公道,米穆心里想:"我是不属于这个国家的,我要走!"可去哪里呢?米穆知道,自己的祖国就是法国,他热爱法国。

没有钱念书,于是米穆就去咖啡馆做服务生。他每天要一直工作到深夜,但他从未放弃练习长跑。为了能进行锻炼,他每天早上五点钟就得起床,累得他脚跟都发炎脓肿了。为了有碗饭吃,米穆是没有多少工夫训练的。但是,他还是咬紧牙关报名参加了法国田径冠军赛。米穆仅仅进行了一个半月的训练。他先是参加了一万米冠军赛,可是只得了第三名。第二天,他决定再参加五千米比赛,幸运的是,他得了第二名。就这样,米穆被选中并被带进了第十四届伦敦奥林匹克运动会。

对米穆来说，这简直是不可思议的事情！他在当时甚至还不知道什么是奥林匹克运动会，也想象不到奥运会是如此宏伟壮观，全世界好像都凝缩在那里了。不过，在这个时刻，最重要的是，他知道自己代表的是法国，他为此感到高兴。

但是，有些事情让米穆感到不快。那就是，没有人认为他是一名法国选手，没有一个人看得起他。比赛前几小时，米穆想请人替自己按摩一下。于是，他便很不好意思地去敲了敲法国队按摩医生的房门。

得到允许以后，他就进去了，按摩医生转身对他说："有什么事吗，我的小伙计？"

米穆说："先生，我要跑一万米，您是否可以助我一臂之力？"

医生一边继续为一个躺在床上的运动员按摩，一边对他说："请原谅，我的小伙计，我是派来为冠军们服务的。"

米穆知道，医生拒绝替自己按摩，无非就是因为自己不过是咖啡馆里的一名服务生罢了。

那天下午，米穆参加了对他来讲是有历史意义的一万米决赛。他当时仅仅希望能取得一个好名次，因为伦敦那天的天气异常干热，很像暴风雨的前夕。比赛开始了，米穆并不模仿任何人。对手们一个接一个地落在他的后面，他成了第四名，随后是第三名。很快他发现，只有捷克著名的长跑运动员扎托倍克一个人跑在他前面，米穆终于得了第二名。

米穆就是这样为法国和为自己争夺到了第一枚一万米世界银牌的。然而，最使米穆感到难受的，还是当时法国体育报刊和新闻的记者。他们在第二天早上便在边打听边嚷嚷："那个跑了第二名的家伙是谁呀？啊，准是一个北非人。天气热，他就是因为天热而得到第二名的！"听听，多令人心酸！

令米穆感到欣慰的是，在第十四届伦敦奥运会以后，他又被选中代表法国去赫尔辛基参加第十五届奥运会。在那里，他打破了一万米法国纪录，并在被称之为"20世纪五千米决赛"的比赛中，再一次为法国赢得了一枚银牌。

随后，在墨尔本奥运会上，米穆参加了跑马拉松比赛，这一次他终于成了奥运会冠军！

他不用再去咖啡馆做服务生了。可是，米穆却说："我喜欢咖啡，喜欢那种香醇，也喜欢那种苦涩……"

成 长 智 慧

人人都想要成功，但并不是每个人都会成功。取得成功的人，往往都经历过一段艰苦的岁月，但他们没有被当时的苦难所打倒，而是坚持了他们的理想，所以，他们成功了。这个世界上，因为有了坚持，所以才有了成功。

在信念的感召之下,困难都会迎刃而解

信念只有在积极的行动之中才能够生存,才能够得到加强和磨炼。——苏霍姆林斯基

缺乏坚定的信念,是很多人的一大通病,但下面这个人不是这样,他把信念作为自己的一面旗帜。

罗杰·罗尔斯是美国纽约州历史上第一位黑人州长。他出生在纽约声名狼藉的大沙头贫民窟。那里环境肮脏,充满暴力,是偷渡者和流浪汉的聚集地。在这儿出生的孩子,受环境的影响,他们从小就逃学、打架、偷窃甚至吸毒,长大后很少有人从事体面的职业。然而,罗杰·罗尔斯是个例外,他不仅考入了大学,而且还当上了州长。

在记者招待会上,一位记者对他提问:"是什么把您推向州长宝座的?"面对三百多名记者,罗尔斯对自己的奋斗史只字未提,只谈到了他小学时的校长——皮尔·保罗。

1961年,皮尔·保罗被聘为诺必塔小学的董事兼校长。当时正是美国嬉皮士流行的时代,他走进大沙头诺必塔小学的时候,发现这儿的穷孩子比"迷惘的一代"还要无所事事。他们不与老师合作、旷课、斗殴,甚至砸烂教室的黑板。皮尔·保罗想了很多办法来引导他们,可是都没有奏效。后来他发现这些孩子都很迷信，于是他上课的时候就多了一项内容——给学生看手相。他用这个办法来鼓励学生。

当罗尔斯从窗台上跳下，伸着小手走向讲台时，皮尔·保罗说："我一看你修长的小拇指就知道，将来你是纽约州的州长。"当时，罗尔斯大吃一惊，因为长这么大，只有他奶奶让他振奋过一次，说他可以成为5吨重的小船的船长。这一次，皮尔·保罗先生竟说他可以成为纽约州的州长，着实出乎他的预料。他记下了这句话，并且相信了它。

从那天起，"纽约州的州长"就像一面旗帜激励着他。罗尔斯的衣服不再沾满泥土，说话时也不再夹杂污言秽语，他开始挺直腰杆走路。在以后的四十多年间，他没有一天不按州长的标准要求自己。51岁那年，他终于成了纽约州的州长。

在就职演说中，罗尔斯说："信念值多少钱？信念是不值钱的，它有时甚至是一个善意的欺骗，然而你一旦坚持下去，它就会迅速增值。"

成 长 智 慧

信念是一种无形的力量，它就像一面旗帜，不断鼓舞人心，让人精神振奋。在信念的感召之下，困难都会迎刃而解，烦恼和痛苦也无法阻挡前进的脚步。只要我们心中怀有一个坚定的信念，并且坚持下去，走向成功就不是什么难事。

只有目标明确,才能以最快的速度实现目标

> 有人活着却没有目标,他们在世间行走,就如同河中的一棵小草随波逐流。——塞涅卡

1940 年 11 月,他出生在美国加州旧金山市,英文名字叫布鲁斯·李。因为父亲是演员,他从小就有了跑龙套的机会,于是他很早就产生了当一名演员的梦想。由于身体虚弱,父亲让他拜师习武来强身。1961 年,他考入华盛顿州立大学主修哲学,后来,他像所有正常人一样结婚生子。但在他内心深处,时刻也不曾放弃当一名演员的梦想。

一天,他与一位朋友谈到梦想时,随手在一张便笺上写下了自己的人生目标:

"我,布鲁斯·李,将会成为全英国薪酬最高的超级巨星。作为回报,我将奉献出最激动人心、最具震撼力的演出。从 1970 年开始,我将会赢得世界性的声誉;到 1980 年,我将会拥有 1000 万美元的财富,那时候我及家人将会过上愉快和谐、幸福的生活。"

写下这张便笺的时候,他的生活正穷困潦倒,不难想象,如果这张便笺被别人看到,会引来什么样的嘲笑。

然而,他却把这些话深深地铭刻在了心底。为实现梦想,他克服了无数个常人难以想象的困难。比如，他曾因脊背神经受伤，在床上躺了4个多月，但后来他却奇迹般地站了起来。

1971年开始，命运女神终于向他露出了微笑。他主演的《唐山大兄》《精武门》《猛龙过江》几部电影都刷新了香港票房纪录。1973年，他主演的《龙争虎斗》在中国香港上映，这部电影使他成为一名国际巨星——被誉为"功夫之王"。1998年，美国《时代周刊》将其评为"20世纪的英雄与偶像"之一，他是唯一入选的华人。

他就是李小龙——一个"最被欧洲人认识的亚洲人"，一个迄今为止在世界上享誉最高的华人明星。

1973年7月，事业刚步入巅峰的他因病身亡。在美国加州举行的李小龙遗物拍卖会上，这张便笺被一位收藏家以2.9万美元的高价买走，同时，2000份获准合法复印的副本也当即被抢购一空。

成 长 智 慧

> 对于一个没有明确航向的人来说，肯定很难到达既定的港湾。而只有明确自己的目标和方向，我们才能全力以赴，以最快的速度接近和实现目标。

人往往不是被对手打败的,而是输在轻敌上

轻敌,最容易失败。——鲁迅

有一个美丽的大鱼缸,被主人放在客厅的桌子上。有一幅描绘着海底世界的图片贴在鱼缸的后面,将水映成了深蓝色。鱼缸的里面有一块小假山,假山上生长着翠绿的水草,在水中不时地飘动,水泵在夜以继日地吐着泡泡。在这里生活着一群金鱼,它们形态各异,婀娜多姿,有的长着大尾巴,有的眼睛上长着两只大水泡,有的脑袋上鼓起一个大包,它们形态各异,五颜六色。

这群金鱼大部分形体都比较小,只有一只眼睛上长着两只大水泡的金鱼个头比较大,所以在主人喂食时,"大水泡"总能最先抢到,有时小金鱼们就会饿肚子。

有一只小金鱼实在是受不了了,对"大水泡"说:"你虽然在我们当中个头最大,也最有力气,可是我们毕竟是生活在一起的同伴,你不能太自私。"

"大水泡"扑哧一笑,说:"要是你有本事就和我抢食,没有本事,就饿着肚子吧。"

小金鱼气坏了,但也只能和其他小金鱼发发牢骚,它们也深有同感,可是又能怎样,谁叫"大水泡"长得魁梧呢?可小金鱼却不这么认为,它感觉"大水泡"也一定有自己的弱点,它在私

下里酝酿着一个报复"大水泡"的计划。

接下来的几天,小金鱼不和"大水泡"抢食了,它心里清楚,即使自己使出浑身解数,也是抢不过它的。

小金鱼在旁边观察着"大水泡"的一举一动,看到它游动时两个水泡晃来晃去,非常漂亮,于是,它的报复计划在头脑中形成了。

一天,小金鱼又开始和"大水泡"抢食,它明知道抢不过也要抢,其实,它根本的意图并不在食物上,而是在争抢时,趁"大水泡"不注意,在其中的一只水泡上狠狠地咬了一口,结果水泡丝毫未损。"大水泡"回过头来不屑地看了小金鱼一眼,说:"抢不到食物就咬我,那也没用,你照样还得挨饿。"

小金鱼也不在意,游到其他地方去了。过了一会儿,小金鱼又游了回来,在"大水泡"的水泡上原来有印迹的地方又狠狠地咬了一口,"大水泡"依然是一笑了之,根本没把小金鱼放在眼里。

就这样,小金鱼一连咬了"大水泡"十几口,每次都咬在同一个位置上,此时小金鱼惊喜地发现:这只水泡被咬过的地方开始变薄了。

于是,小金鱼对"大水泡"说:"我希望你能改变主意,不要太贪婪。"

"大水泡"也不搭理小金鱼,仍旧我行我素。小金鱼实在是忍无可忍,冲上去,使出浑身的力气在原来咬过十几次的地方又狠狠地咬了一口,这只水泡应声而破,"大水泡"惨叫一声,从此变成了"独眼龙"。

主人用无奈的眼神看着这只"大水泡",他知道这只金鱼已经失去了观赏价值,思考了一会儿,用渔网把它捞起来,十分惋惜地扔进了垃圾筒。

从此,小金鱼们再也不用挨饿了。

成长智慧

横行霸道、目中无人,只会给自己树敌,并招来别人的报复。很多时候,人往往不是被强大的对手打败的,而是输在过于轻敌上。有句话是这样说的:没有人会被大山绊倒,而令我们摔跟头的往往是那些小石块。

把空想和行动结合起来，空想才有价值

不要离开幻想，但一定要有所行动。——马克·吐温

有个乡下青年，是一个诗歌爱好者，他从7岁起就开始进行诗歌创作，但由于地处偏僻，他一直未得到名师的指点。有一年夏天，他因仰慕一位文学大师的大名，千里迢迢地前去登门拜访，以寻求文学上的指导。

这名青年诗人虽然出身贫寒，但谈吐优雅，气度不凡。老少两位谈得非常融洽，文学大师对他非常欣赏。临走时，青年诗人留下了薄薄的几页诗稿。文学大师读了这几页诗稿后，认定这位乡下小伙子在文学上将会前途无量，决定凭借自己在文学界的影响大力提携他。

文学大师将那些诗稿推荐给文学刊物发表，但反响不大。他希望这名青年诗人继续将自己的作品寄给他。于是，老少两位开始了频繁的书信来往。

青年诗人的信一写就长达几页，大谈特谈文学问题，激情洋溢，才思敏捷，表明他的确是个天才诗人。文学大师对他的才华大为赞赏，在与友人的交谈中经常提起这名诗人。青年诗人很快就在文坛有了一点小小的名气。但是，这名青年诗人以后再也没有给文学大师寄过诗稿，信却越写越长，奇思异想层出不穷，言语中

开始以著名诗人自居，语气也越来越傲慢。

文学大师开始感到了不安。他凭着对人性的深刻洞察，发现这个年轻人身上出现了一种危险的倾向。通信一直在继续，文学大师的态度逐渐变得冷淡，渐渐地成了一个倾听者。

很快，秋天到了。文学大师去信邀请这名青年诗人前来参加一个文学聚会。他如期而至。

在这位文学大师的书房里，两人有了一番对话：

"后来为什么不给我寄诗稿了？"

"我正在写一部长篇史诗。"

"你的抒情诗写得很出色，为什么要中断呢？"

"要成为一个大诗人就必须写长篇史诗，小打小闹是毫无意义的。"

"你认为你以前的那些作品都是小打小闹吗？"

"是的，我是个大诗人，我必须写大作品。"

"也许你是对的。你是个很有才华的人，我希望能尽早读到你的大作品。"

"谢谢，我已经完成了一部，很快就会公之于世。"

文学聚会上，这名被文学大师所欣赏的青年诗人大出风头。他逢人便谈他的伟大作品，表现得才华横溢，锋芒咄咄逼人。虽然谁也没有拜读过他的大作品，即便是他那几首由文学大师推荐发表的小诗也很少有人拜读过。但几乎每个人都认为这个年轻人必将成大器。否则，文学大师能如此欣赏他吗？

转眼间，冬天到了。

青年诗人继续给文学大师写信，但从不提起他的大作品。信越写越短，语气也越来越沮丧。直到有一天，他终于在信中承认，他什么都没写。以前所谓的大作品根本就是子虚乌有之事，完全是他的空想。

他在信中很诚恳地写道：

"很久以来我就渴望成为一个大作家，周围所有的人都认为我是个有才华有前途的人，我自己也这么认为。我曾经写过一些诗，并有幸获得了您的赞赏，我深感荣幸。

"使我深感苦恼的是，自此以后，我再也写不出任何东西了。不知为什么，每当面对稿纸时，我的脑海中便是一片空白。我认为自己是个大诗人，必须写出大作品。在想象中，我感觉自己和历史上的大诗人是并驾齐驱的，包括和尊贵的您。

"在现实中，我对自己深感鄙弃，因为我浪费了自己的才华，再也写不出作品了。而在想象中，我是个大诗人，我已经写出了传世之作，已经登上了诗歌的王位。

"请您原谅我这个狂妄无知的乡下小子……"

从那以后，文学大师再也没有收到这位名青年诗人的来信。

成 长 智 慧

每个人都曾有过空想，适度的空想对人有一定的积极作用，但如果不行动，只是一味地空想就有些危险了。只有把空想和行动结合起来，空想才显得有价值，否则，空想只能是空想。

自己不熟悉的领域，不要轻易涉足

当一个人盲目冒险的时候，离失败或灾祸就不远了。——茨威格

从前，有个农夫，由于庄稼种得好，生活过得很惬意。村子里的人都夸他聪明，并有人断言只要他做生意，肯定能发大财。

农夫的心就痒痒了，和妻子商量要做生意。他的妻子知道他不是做生意的料，就劝他打消这个念头，但农夫的主意已定，妻子怎么说都不行。

见劝说无用，妻子就说："做生意总得有本钱吧，你明天就把家中的一只山羊和一头毛驴牵进城去卖了吧。"

妻子说完就回娘家了，她找来三个人，对他们叮嘱了一番。

第二天，农夫兴冲冲地上路了。他妻子找来帮忙的人偷偷地跟在他的身后。

农夫贪睡，第一个人趁农夫骑在驴背上打盹，把山羊脖子上的铃铛解下来系在驴尾巴上，把山羊牵走了。不久，农夫猛一回头，发现山羊不见了，便忙着寻找。

这时第二个人走过来，热心地问他找什么。农夫说山羊被人偷走了，问他看见没有。第二个人随便一指，说看见一个人牵着一只山羊从林子中刚走过去，准是那个人，快去追吧。农夫急着去追山羊，把毛驴交给这位"好心人"看管。等他两手空空地回来时，毛驴与"好心人"自然都没了踪影。

农夫伤心极了，他一边走一边哭。当他来到一个水池边时，却发现一个人坐在水池边，哭得比他还伤心。

农夫挺奇怪：还有比我更倒霉的人吗？就问那个人哭什么。

那人告诉农夫，他带着一袋金币去城里买东西，走到水边歇歇脚、洗把脸，却不小心把袋子掉进水里了。农夫说，那你赶快下去捞呀。那人说自己不会游泳，如果农民能帮他捞上来，他愿意送给农民20个金币。

农夫一听喜出望外，心想：这下可好了，羊和毛驴虽然丢了，可能到手20个金币，损失全补回来还有富余啊。他连忙脱光衣服，跳下水捞起来。当他空着手从水里爬上岸时，他的衣服、干粮也不见了，仅有的一点钱还在衣服口袋里装着呢！

当农夫沮丧地回到家时，惊奇地发现山羊和毛驴竟然还在家中。

他的妻子说："没出事时麻痹大意，出现意外后惊慌失措，造成损失后急于弥补。你连这些基本的风险都预料不到，又怎么能在商海里征战呢，还是老老实实地在家中种地吧！"

成长智慧

我们每个人都应该知道自己最适合做什么，并应该把精力放在最适合自己的事情上，这样才能有所收获，才能获得成功。如果没有足够的本领与能力，对于自己不熟悉的领域，万不可贸然涉足，否则会走向失败。

很多时候很多事情,并没有想象中的那么严重

名人名言

自己吓唬自己,是我们做过的最蠢的事。——欧文

有一位退休师傅,儿子跟人吵架,一气之下儿子动了手,把人打得挂了花,他被关进了临时拘留所,等待着他的将是法律的制裁。

老师傅就这么一个儿子,视如心肝宝贝,见儿子蹲了班房,又气又急,饭吃不下,觉睡不着,简直觉着整个世界都崩塌了。加上老伴儿整天以泪洗面,更使他觉得没了活路。

这时,有人给老师傅出主意:"别这么死心眼儿了。当今社会都是人求人,有关系什么事都能通融。你每天闷在家里也不是办法,为儿子着想,得赶紧出去'活动活动'呀!"

老师傅听了眼前一亮,紧接着头又垂了下去。他这一辈子,小心谨慎地过日子,兢兢业业,从来信奉"万事不求人",除了老婆孩子,其他社会关系一个也没有,求谁呢?

一个邻居帮他分析情况,说他儿子的事弄不好得判刑,该提早到检察院"活动"。

另一个说,检察院管起诉,最后结果还得看法院如何判,所以该去法院"活动"。

还有的说，判归判，只要关系硬，搞个假释或搞保外就医什么的还是有可能的。若是你们单位领导有来头，面子大，求他出面作担保，把人保出来也行。

又有人说，市场上有个卖肉的某某，跟公安局某科长是连襟，可以求他高抬贵手，大事化小，小事化了，放人算了。

甚至有人竟然出了这么个主意：牢房的滋味儿可不好受，听说某某的亲戚在看守所当管教，你赶紧去他家打点打点，到时候省得你儿子在里面遭罪。

邻居们七嘴八舌，主意出了不少，把老师傅搞得晕头转向。人家都是一片好心，老师傅不能不听。于是，他横下一条心，豁出一张老脸，就求人这一回吧！与老伴儿商量了一整夜，第二天，开始马不停蹄地奔走，今天跑东家，明天串西家，每天累得精疲力竭回来。

邻居们给他指的路子，他几乎都跑遍了，甚至街道办事处、居委会也走了不止一趟，逢人便诉说。他们听了案情，都说这样的事帮不了忙，也不能帮忙，如果帮忙的话，这就是违法。

老师傅求人求了十几家，他一天天地"跑"，一天天地等，可儿子就是出不来。一转眼，半个月过去了。

有一天，儿子回家来了。一家人喜出望外，感谢老天爷开眼，热心人帮忙。

他们哪里想到，儿子的罪过根本没那么严重，属治安问题，行政拘留15天，赔些医药费，事情也就完了。

痛定思痛，老师傅心中很不是滋味儿，一想到当初求人的情形禁不住感慨万分。

知情人说，在这件事情上，谁也没帮老师傅的忙。

成 长 智 慧

有些人一遇到事情就会慌了手脚，再加上旁边的人东一句西一句的大肆渲染利害关系，那就更让他没了主意。其实，很多时候，事情并没有想象中的那么严重，根本没必要兴师动众。

每个人都是独特的，都有比其他人做得更好的地方

个性是一个人的最大的需要和最大的保障。——斯宾塞

迈可·兰顿一生的奋斗事迹照亮了许多人的人生之路，他也因此成为受人景仰的英雄。

迈可·兰顿生长在一个不正常的家庭里，父亲是个犹太人（十分排斥天主教徒），而母亲却偏偏是个天主教徒（十分排斥犹太人）。在他小的时候，母亲经常闹着要自杀，她火气一来便抓起衣架追着他毒打。就是因为生活在这样的环境中，所以他自幼就有些畏缩。然而日后在那部叫座的电影《草原上的小屋》中，迈可·兰顿却扮演了殷格索家的一家之主，他那坚毅而充满自信的性格给大家留下了深刻的印象。可是，迈可的人生为什么会有这样的改变呢？

在他读高中一年级时的一天，体育老师教迈可班的学生如何掷标枪，而那次经历就此改变了他的人生。在此之前，不管做什么事他都是畏畏缩缩的，一点自信都没有。可是那天奇迹出现了，他奋力一掷，没想到他的成绩比其他同学的成绩，多出了足足有三十英尺。就在那一刻，迈可知道了自己的前途大有可为。在其日后面对《生活杂志》的采访时，他回忆道："就在那一天我才突然晓得，原来我也有能比其他人做得更好的地方。当时我便请求体育老师借给我那支标枪，在那年夏天，我就在运动场上掷个

不停。"

那年暑假结束返校后,他的体质已有了很大的改变,而随后的一整年中,他特别加强力量训练,使自己的体能有了新的提升。高三时的一次比赛中,他掷出了全美高中生的标枪纪录,因而也让他赢得了南加利福尼亚大学的体育奖学金。这个人生的转变套句他自己的话就是:可真是一只"小老鼠"变成了一只"大狮子"。

成 长 智 慧

在这个世界上,我们每个人都有自己独特的一面,都有比其他人做得更好的地方,遗憾的是,很多人都不知道或暂时没有发现。当一个人找到了这个属于自己的领域时,他就会由自卑变得自信,并会发挥出自己的潜能。

不要因为利小而不为，要为长远利益做打算

做事要有计划，要有长远打算。——李嘉诚

有一位百货公司的经营者与一群业务经理谈话时说：

"我可能有点守旧，但我还是相信使顾客再度光临的最好办法，就是提供友善、殷勤的服务。有一次我到商店巡视，听到一名店员正在跟一名顾客争吵，结果那名顾客愤怒地离开了。

"然后，这名店员对另一名店员说：'我才不会让一个仅值一美元九美分的顾客占去我的时间，让我翻箱倒柜去找他要的东西。他根本不值得我这样对待他。'

"我听完就走开了，但是一直无法忘记那番话。想到我们的店员认为顾客仅值一美元九美分时，我觉得事态十分严重。我立刻决定，要把这个观念改过来，于是请市场调研部主任统计去年平均每位顾客在我们商店的花费大概是多少。结果令我吃惊，数目高达362美元。

"接着，我召开人事督导会议。我把情况解释清楚，然后告诉他们一名顾客的真正价值。他们一旦明白一名顾客的价值不是以一次销售金额而是以全年的销售总额来评定，服务态度马上就改变了。"

有一个学生解释他为什么不再去某餐厅吃饭时说：

"有一天午餐时间，我决定去一家几周前新开业的自助餐厅用餐。当时我的经济状况有点紧张，必须节约用钱。我在肉品部看到火鸡肉还不错，旁边清楚地标价39美分。

"当我走到柜台前付账时，那位柜台小姐说我要付一美元九美分。我礼貌地请她再核对一次，那位小姐不屑一顾地瞪我一眼，重新算过。原来差别就在那份火鸡肉的价格。她坚持要收49美分，我请她注意那边39美分的标价。

"这下她火了。'我不管那边标价是怎么写的。这边价目表上写的是49美分，有人把那边的价格标错了，你必须付我49美分。'

"然后我解释我之所以挑这份火鸡肉就因为它标价39美分，如果标明49美分，我就会挑别的食物了。

"她还是回答：'你还是得付49美分。'我照付了，因为我可不想一直站在那里成为大家关注的焦点。当时我就决定永远不再到那里吃饭了。我一年要花250美元左右的午餐费，他们准保拿不到一分钱。"

成长智慧

目光短浅的人往往只看到小小的一美元九美分，而看不到潜在的362美元。不要因为利小而不为，要为长远利益做打算。高估顾客的购买力才能把他们变成稳定的大主顾。

第二章

虽然不是第一个想的人，但可以是第一个尝试的人

很多事情，我们可能不是第一个想的人，但我们可以是第一个尝试的人。抓住自己的灵感，抓住身边的机会，有想法就勇敢地尝试，这样往往会有意想不到的收获。

创新需要跨越，跨越才能成功

创新就是创造性的破坏。——熊彼特

年轻的贝多芬经人介绍，拜音乐大家、"交响乐之父"海顿为师，学习音乐创作。然而，贝多芬并未完全遵从大师的教导，海顿古老、墨守成规的创作乐风，常常引起贝多芬这位勇于革新的青年天才的不满，师徒之间经常为此争执不休。

有一次，海顿给贝多芬布置了一项作业，就是把自己谱写的小步舞曲让贝多芬改成一首谐谑曲。而贝多芬却在向一种不同风格的音乐做大胆的探索，是用海顿"旧的语言"写自己"新的格言"。海顿看完作业后，极为气恼，他劝贝多芬沿用古老的音乐形式，不要轻举妄动，"跳到深水中去"。但贝多芬还是"跳下去"了。他的《第二交响曲》更加没有守旧的乐风，与海顿的劝告相距甚远，这差点把海顿气得昏了过去。他便责问贝多芬："为什么不在交响曲上写上'海顿弟子贝多芬作'？"贝多芬回答："因为先生的守旧我没有学到，况且这是我自己的独特的音乐。"这使海顿怒气冲天，便开除了这个"不忠实"的弟子。

后来，海顿对贝多芬的看法逐渐改变，这使贝多芬革新的步伐越走越快，胆量也越来越大。他不仅改革了当时盛行的"无标题音乐"，并以"标题音乐"的新形式在自己的交响音乐之中实践，他还将在宫廷中为王公贵族服务的"室内乐",介绍给平民百姓。因此,贝多芬又招来了新的谴责。舆论界的批评家们对这位创造力丰富的新巨人发出嘲笑:"那副农民一样的粗短身材的乡巴佬,想对纯音乐进行改革,真是荒谬!"贝多芬对批评家们的嘲笑置之不理,又继续尝试下去。他坚定地说:"一匹奔腾的骏马决不会让苍蝇叮了几口就裹足不前。"

成 长 智 慧

创新是社会发展的主导力量,我们不仅要勤于学习,善于思考,还要敢于做前人没做过的事情,要有百折不挠的精神。不因为旁人的抨击和诽谤而止步不前,这是每个创新者必须经历的过程,只有跨越它才能到达成功的彼岸。

不要害怕变化，变化中往往孕育着机会

名人名言

明者因时而变，知者随事而制。——桓宽

一个年轻的小伙子在美国某个小酒吧里正在用心地弹奏钢琴。说实话，他弹得相当不错，每天晚上都有不少人慕名而来，倾听他的弹奏。

一天晚上，一个中年顾客听了几首曲子后，对那个小伙子说："你弹奏的那些曲子我们都太熟悉了，你不如唱首歌给我们听吧。"这位顾客的提议获得了不少人的赞同，大家纷纷要求小伙子唱歌。然而，小伙子面对大家的请求却变得腼腆起来，他抱歉地对大家说："非常对不起，我从小就开始学习弹奏乐器，从来没有学习过唱歌。我只会长年累月地坐在这里弹琴，恐怕会唱得很难听。"那位中年顾客却鼓励他说："小伙子，正因为你从来没有唱过歌，或许连你自己都不知道你是个歌唱天才呢！"此时酒吧的经理也出来鼓励他，免得他扫了大家的兴。小伙子认为大家想看他出丑，于是坚持说只会弹琴，不会唱歌。酒吧老板说："你要么唱歌，要么另谋出路。"小伙子被逼无奈，只好红着脸唱了一曲《蒙娜丽莎》。哪知道他不唱则已，一唱惊人，大家都被他流畅自然、男人味十足的唱腔迷住了。

在大家的鼓励下，那个小伙子放弃了弹奏乐器，开始向流行

歌坛进军。这个小伙子后来居然成了美国著名的爵士歌王,他就是著名歌手纳京高。

成 长 智 慧

不要害怕变化,变化既是机会,也是挑战。不去尝试,我们怎么知道自己一定不会成功?去努力了,至少我们有机会成功。不要放不开拿在手中的东西,有时它是一种束缚,只有腾出双手,我们才有可能得到更多的东西。

做第一个尝试的人，等待你的往往是惊喜

世界上有许多做事有成的人，并不一定是因为他比你会做，而仅仅是因为他比你敢做。——培根

有这样一对夫妇，比尔·坎姆贝尔和尼克依·坎姆贝尔，他们像大多数新当上父母的年轻人一样，对自己刚刚出生的女儿玛丽十分的宠爱。

有一天，玛丽的爷爷雷克斯照看孩子时，发现小玛丽的奶瓶总是往下滑，她抱不住圆柱形的奶瓶。"总有一天，人们会在这些奶瓶上安上把手的，这样就会让孩子比较容易拿了。"玛丽的爷爷雷克斯这样说。

比尔和尼克依觉得这是个好办法，欣然接受了这个建议。尼克依用建筑黏土捏出各种形状的瓶子。夫妇俩把那些黏土瓶子给玛丽，看她拿不拿得住。带一个把手的瓶子还是不好拿，其他一些设计也不是很成功。后来，尼克依捏了一个形状像拉伸过的油炸圈饼一样的瓶子，它有两个把手，每个把手都是中空的，可以盛流质。坎姆贝尔夫妇用自己的钱，找阿肯色州的一家公司为他们制造了一个塑料模子。接下来，他们在佛罗里达找了一家公司制造这种新颖的瓶子。

坎姆贝尔夫妇做了一次用户调查，他们得到了这样一个反馈

信息：他们制造的这些瓶子色彩艳丽但不透明，而父母们都想看到瓶子里剩了多少东西。夫妇俩立刻改变设计，将不透明的瓶子改成了透明的瓶子。这种透明的瓶子生产出来后，六天内就售出了 5 万多个。过了几个月，他们不得不找一个大仓库。他们第一年的销售额就达到了 150 多万美元。一个小瓶子，让他们取得了巨大的成功。

成 长 智 慧

很多事不是我们想不到，而是想到了却没有着手去做，等到别人想到并做出成绩时，我们就只有望洋兴叹的份了。很多时候，我们只要敢于尝试，常常会收到意想不到的惊喜。

解决问题之前,先找到问题的关键所在

正是问题激发我们去学习,去实践,去观察。——鲍波尔

一个人,观看了精彩的赛马后,在回家的路上,对他的马感叹地说:"我的马啊,今天的比赛你可都看见啦,那一匹匹腾云驾雾、追风撵月般的骏马多棒呀!可你,走起路来慢慢腾腾,一步三摇,活像一头老驴!要不是熟马难舍,我真想把你卖了——唉,你就不能给我争口气吗?"

"我怎么能跟那些骏马相比!它们的装备可比我的强得多,

就说鞍子吧——""哦，对！对！"主人恍然大悟，"那些骏马的鞍子确实都是明光锃亮的！好，我立即就给你配一副好鞍子！"马鞍很快就配好了，可这匹马依然如故。主人忍不住又发起牢骚来。马说："你不就配了一副鞍子吗？可是那些骏马的装备还是比我的强，比如说辔头吧——""哦，"主人想，"那些骏马的辔头似乎是要强一点。"于是，他又买来了新辔头。

对马的所有欲望和要求，主人都尽量满足。遗憾的是，这匹马依然没有丝毫长进。主人十分苦恼，百思不得其解：我给了它一匹骏马所拥有的一切，可它为什么还不能成为一匹骏马呢？

一个朋友给了他这样一个答案："因为你手里缺少一根鞭策它上进的鞭子！"

成长智慧

很多时候，我们因为找不到问题的症结所在，所以总是围绕着问题的边缘做一些无关紧要的小事，虽不致铸成大错，却对问题的解决没有丝毫益处。俗话说"蛇打七寸"，出现问题时，应该从问题的关键处着手解决。

解决问题的根本，不是问题而是人

解决问题先分析问题，问题分析明白了就好解决了。——瓦西列夫

巴黎市的南城区曾经是巴黎市最脏乱的地方。这一地区虽然引起了卫生部门的注意，他们也多次地提出了各种方案和建议试图改变这种糟糕的状况，但是都没有多大的效果。

就在大家都束手无策的时候，有人提出了一个方案，那就是在南城区增加一些特殊的垃圾筒，这种垃圾筒的外观类似于一个篮球场上的篮筐，然后在"篮筐"内套上袋子，人们只要像投掷篮球一样将垃圾"投篮"进去就好了。事实证明，这种垃圾筒很快地引起了大家的注意，人们像热衷于看乔丹打篮球一样热衷于"投篮"，南城区的街区卫生状况大为改观，它很快成了巴黎市比较干净的区域。

在伦敦地铁爆炸事件发生后，整个欧洲曾陷入了恐惧之中，巴黎也不例外，巴黎市政府也在各个方面提高警戒，他们致力于减少各种安全隐患。细心的法国人，甚至没有放过街头的垃圾筒。因为在各条街道上，诸如公交车站和闹市区的垃圾筒极有可能成为恐怖分子安放炸弹的地方。于是，很多人主张把一些地方的垃圾筒撤走，但是这样一来，势必给人们丢垃圾带来极大的不便。果然，当他们撤走和挪动一些垃圾筒之后，人们开始抱怨，甚至乱扔垃圾。

这时，有些人建议将篮筐上套的黑色垃圾袋换成透明的。这是多么聪明的做法啊！因为透明的垃圾袋能让人清楚地看到里头的垃圾。对垃圾筒的人性化"改革"很快得到了市民们的认可，并在全巴黎传播开来，成了巴黎垃圾处理的第一选择。这真是个事半功倍的好方法！

成长智慧

有些时候，我们总强调"以人为本"，可当真正遇到问题时，却把它忘了。解决问题当然是主要的，但制造问题的却是人，解决问题的根本也在人的身上。我们在处理问题时，应该从他人的实际情况出发，强制执行往往只会适得其反，知道他人的需求，问题自然就好解决了。

盲目地相信某些规律，只会制造更多的问题

别让自己疯狂地盲目，也不要盲目地疯狂。——胡海泉

很早以前，有个人喂养了几只老鼠。这几只老鼠是同类中的佼佼者，它们犹如精灵一般。

主人每天喂老鼠香美的食物，并且热心地给它们擦洗身子。老鼠一病，他就担心异常，程度甚至超过了对自己的关心；老鼠跟他也非常亲密。天晴，他们在院子里愉快地玩耍；下雨，他们就在家里捉迷藏。他们还经常一起去旅行。

他感到跟老鼠生活在一起无限快乐，然而这并不是他的目的。他常常抚摸着鼠的脊背，口中嘟囔："如果没有你们，我真不知要遇到多少灾难呀！"

原来，他喂养的这几只老鼠有预知危险的本领，他正是注意、利用了这一点，好几次都逢凶化吉了。

有一天，老鼠突然都从家里逃走了。主人弄不清怎么回事，就拼命地在后面追。

这时，大地震发生了。

因为是在外面，所以他幸免于难。要是待在家里，他肯定会被压在建筑物下。即使不死，也要受重伤。

还有一次，那是在他外出要上船的时候，老鼠在他的提袋里

骚动起来，他立即停住步子，老鼠随之也安静下来。结果，出航的船遇上了风暴，在大海里沉没了。他像这样托老鼠的福，而幸免于难的事还有好几回。

他想着这些，对老鼠说："不管怎样，这是一个多灾多难的世界。今后可要多多关照啊。"

他喂食给它们吃。这时，吃食的老鼠显得惶恐不安，这是危险的预兆。

"啊？将要发生什么事？是火灾还是水灾？不管它，赶快搬家吧。"

由于事出突然，也就顾不得房价的高低，他匆忙卖掉房子，搬走了。当然，受些损失也是没办法的，要是磨磨蹭蹭，碰上灾难岂不更糟啦！乔迁新居后，老鼠恢复了常态。这人稍事安顿，就想弄清楚搬走后到底发生了什么灾难。于是，他给旧居打了个电话。

"喂，喂，我是以前的老住户，想打听一下……"

"什么事？忘了什么东西？"

"不是，我是想知道在我搬走后，您那里有什么变化？"

"唔，好像没什么。"

"决不会的。请您再仔细想一下。"

"要说嘛，那就是您走后不久，住您隔壁的人家也搬走了。就这些。"

"是吗？新搬来的是什么人？一定是位可怕的人物。"他热心地问着。他想，灾难这时恐怕已降临到隔壁，自己要是不搬，无疑会被卷入其中。

但是，对方的回答却很意外。

"不，是位很和善的人。"

"真的吗？"

"的确是。因为他非常爱猫，养了很多，所以……"

成 长 智 慧

在现实生活中，某些东西虽有规律可循，但我们却不能完全相信这些规律，更不能把一两次偶然的巧合当作人生的必然。一味地盲目相信某些事情，只会制造更多的误解或错误。

创新应符合常理,不要一味地搞怪作秀

胡搞不是创新,而是胡闹。——王阳

森林娱乐公司准备培养一批明星。小叫驴嗓门儿大,老板认为它是一块唱高音的料。猪的模样比较笨拙,老板认为他可以做滑稽演员。令人诧异的是,老板竟然突发奇想,要让一头叫花花的母牛表演空中飞人。

有人提醒老板说:"你的计划好像不合适吧,小叫驴虽然嗓门儿大,可他毕竟五音不全哪!猪的模样固然滑稽,却反应迟钝,怎么能够保证演出效果呢?还有空中飞人这个项目,要求表演者身手敏捷、轻快如燕,母牛行吗?"

老板回答说:"这是一种艺术创新,没有创新怎么能够推动事业进步呢?正是因为大家都认为毛驴不能唱高音,笨猪不能当演员。母牛没法表演空中飞人,这才容易叫座呀!"

母牛花花很快就成了森林电视台、《动物新闻快报》等新闻媒体争相采访报道的明星,在镁光灯的闪烁中,老板自然也是心花怒放、得意扬扬。

当天晚上,森林电视台播放了记者啄木鸟的专题采访。在采访过程中,啄木鸟与森林娱乐公司的老板有一段引人深思的对话:

啄木鸟问:"天空突然黑了起来,你知道为什么吗?"

老板一愣,呆呆地反问:"为什么?"

啄木鸟微笑着告诉他:"为什么天空那么黑?因为牛在天上飞。为什么牛在天上飞?因为你在地上吹。"

倏地一下,老板的脸涨得通红。这位老板并非有意吹牛,只是想法不切实际而已。

成长智慧

做什么事都要创新,不创新就不会有发展,但创新应符合常理,不要只是为了吸引眼球而一味地搞怪作秀。不切实际的做法虽然能在短时间内引起轰动效应,但从长远来看,这种做法只会使人自毁前程。

不断挑战自我极限，就没有什么事是做不到的

最具挑战性的挑战莫过于提升自我。——迈克尔·F·斯特利

1912 年，班·费德雯出生于美国。

1942 年，费德雯加入纽约人寿保险公司。单件保单销售，他曾做到 2500 万美元，他一个年度的业绩超过 1 亿美元。

费德雯一生中售出数十亿美元的保单，这个金额比全美 80% 的保险公司的销售总额还高。

在这个专业化导向的行业里，连续数年达到 10 万美元的业绩，便能成为众人追捧的、卓越超群的百万圆桌协会会员，而费德雯却做到近 50 年，平均每年的销售额达到近 300 万美元的业绩。

放眼寿险史上，没有任何一位业务员能赶上他。

而他的一切，仅是在他家方圆 20 千米内，一个人口只有 1.7 万人的 东利物浦小镇上创造出来的。

1955 年，没有人敢去想，一名寿险业务员的年度业绩竟能超过 1000 万美元。

1956 年，费德雯超过了。

1959 年，2000 万美元的年度业绩被认为是遥不可及的梦，它是那样不可思议，以至除了费德雯以外其他从业人员连想都没想过。

1960年,他把梦想变成事实。

1966年,费德雯的年度业绩冲破了5000万美元的大关。

1969年,他缔造1亿美元的年度业绩,之后更是屡见不鲜。

1984年,他获得"颁罗素纪念奖",此为保险业的最高荣誉。

虽然费德雯说自己没有任何秘诀,但其实他已把他的"秘诀"公之于世了:多年来,他总是从早上到晚上,从周一到周日,从不间断地努力工作。

费德雯认为:"对自己的生活方式与工作方式完全满意的人,已陷入常规。假如他们没有鞭策力,使自己成为更好的人,或使自己的工作更杰出,那么他们便是在原地踏步。而正如任何一位业务员会告诉你的,原地踏步就等于退步。"

成长智慧

不断努力地挑战自我的极限,是一个人成功的必要因素。不论是在工作中还是在生活中,只要我们敢想敢干,不断地鞭策自己,满怀勇气地挑战自我,那么,就没有什么事是做不到的。

要跨越生命中的障碍，就要不断地转换生存状态

名人名言

人生布满了荆棘，我们想的唯一办法是从那些荆棘上迅速跨过。——伏尔泰

有一条河流从遥远的高山上流下来，经过了很多个村庄与森林，最后它来到了一片沙漠。它想："我已经越过了重重的障碍，这次应该也可以越过这片沙漠吧！"

当它决定越过这片沙漠的时候，它发现它的河水渐渐消失在泥沙当中，它试了一次又一次，总是徒劳无功，于是它灰心了。它颓丧地自言自语道："也许这就是我的命运了，我永远也到不了传说中浩瀚的大海。"

这时候，四周响起了一阵低沉的声音："如果微风可以跨越沙漠，那么河流也可以。"原来这是沙漠发出的声音。

小河流很不服气地回答说："那是因为微风可以飞过沙漠，可是我却不行。"

"因为你坚持你原来的样子，所以你永远无法跨越这片沙漠。你必须让微风带着你飞过这片沙漠，到你的目的地。只要愿意，你可以放弃你现在的样子，让自己蒸发到微风中。"沙漠用它低沉的声音说。

小河流从来不知道有这样的事情，"放弃我现在的样子，然

后消失在微风中？不！不！"小河流无法接受这样的建议，毕竟它从未有过这样的经历，叫它放弃自己现在的样子，那不等于是自我毁灭吗？

"我怎么知道这是真的？"小河流问。

"微风可以把水汽包含在它之中，然后飘过沙漠，到了合适的地点，它就把这些水汽释放出来，于是就变成了雨水。然后这些雨水又会形成河流，继续向前进。"沙漠很有耐心地回答。

"那我还是原来的河流吗？"小河流问。

"可以说是，也可以说不是。"沙漠回答，"不管你是一条河流还是看不见的水蒸气，你的本质不会改变。你之所以坚信自己是一条河流，是因为你从来不知道自己的本质。"

此时小河流的心中，隐隐约约地想起自己在变成河流之前，似乎也是由微风带着，飞到内陆某座高山的半山腰，然后变成雨水落下，才汇成今日的河流。于是小河流终于鼓起勇气，投入微风张开的双臂，消失在微风之中，让微风带着它，奔向它生命中的归宿。

成 长 智 慧

人生不可能是坦途，想要跨越生命中的障碍，取得某种突破，往往需要有一定的魄力，不断转换自身的生存状态。也就是说，当我们无法改变外在的环境时，就应试着调整自己，让心灵为自己指引前进的方向。

第三章

不能改变结果，就改变游戏规则

人生中的游戏规则都是人为制定的，其目的都是为了帮助我们更好地工作和生活，符合常理我们就接受并实施，如若不然，我们也不必削足适履。有时当我们不能改变不利于自己的结果时，不妨借助改变游戏规则的方法来摆脱困境。

在最自然状态下的选择,才是最真的选择

人生中最困难者,莫过于选择。——莫尔

有五名丈夫被问到同样一个问题:假设你和母亲、妻子、儿子同乘一船,这时船翻了,大家都掉到水里了,而你只能救一个人,你救谁?

尽管这问题很老套,但的的确确不好回答。

理智的丈夫说:"我选择救儿子。因为他的年龄最小,今后的人生道路还很长,最值得救。"

现实的丈夫说:"我选择救妻子,因为母亲已经经历过人生,至于儿子——有妻子在,我们还会再有新的孩子。"

聪明的丈夫说:"我会救离我最近的那个,离我最近的那个最可能被救起来。"

滑头的丈夫说:"我救儿子的母亲。"——至于是指自己的母亲还是指儿子的母亲,让别人去猜好了。

最后,老实的丈夫确实不知道应该怎样选择,于是他只有回家把这个问题转述给自己的儿子、妻子和母亲,问他们自己应该怎么办。

儿子对这个问题根本不屑一顾:"我们这里根本没有河,怎么会全家落水呢?不可能!"——他的年龄使他只会乐观地看待目前和将来的一切。

妻子大为不满地道:"亏你问得出口!你当然得把我们母子都救起来。我才不管什么只救一个人的鬼话呢!"——女人总是认为丈夫必然有能力,也必须有能力负担起他的责任。

最后,老实的丈夫又问自己的母亲。

母亲没等他把话说完,已经紧紧地抓住儿子的手,惊慌地说:"我们都掉水里了,孩子你不是也掉进水里了吗?我自然要救你!"

老实的丈夫顿时泣不成声。

成 长 智 慧

有时人生中的某些选择真的很残酷,无论我们怎么选择都会失去某些最重要的东西。当我们面临这样的选择时,不要考虑太多,因为有些选择本就无所谓对或是错。你最自然的选择,才是你最真的选择。

只要是自己的劳动所得，没有什么不好接受的

  我觉得人生求乐的方法，最好莫过于尊重劳动。一切乐境，都可由劳动得来，一切苦境，都可由劳动解脱。——李大钊

  在一个晴朗的夏日，脏乱的火车候车室内，坐着一个衣着随便、满脸疲惫的老人。火车进站，老人起身向检票口走去。

  忽然，候车室外走来一个胖太太，她提着一只很大的箱子，显然也要赶这列火车，可箱子太重，累得她直喘粗气。她看到了那个老人，冲他大喊："喂，老人，快给我提箱子，我待会儿给你小费。"

  老人拎过箱子就朝检票口走，虽然看起来他很吃力。

  火车慢慢地启动了。胖太太抹了一把汗，庆幸地说："要不是你，我非误了车不可。"说着，掏出一美元递给老人。

  老人并不推辞，微笑着伸手接了过去。

  这时，列车长走了过来，对老人说："您好，尊敬的洛克菲勒先生，欢迎您乘坐本次列车，如果有需要帮助的地方，我很乐意为您效劳。"

  "谢谢，不用了，我只是刚刚做了一个为期三天的徒步旅行，现在我要回纽约总部。"老人客气地回答。

  "什么？洛克菲勒？"胖太太惊叫起来，"上帝，我竟让石油大王洛克菲勒先生给我提箱子,居然还给了他一美元小费,我这是在干什么啊?"

她忙向洛克菲勒先生道歉,并诚惶诚恐地请他把那一美元小费退给她。

"太太,你不必道歉,你根本没有做错什么。"洛克菲勒微笑着说道,"这一美元是我的劳动所得,所以我收下了。"说着,他把那一美元郑重其事地放进了口袋。

成长智慧

无论你的地位有多高,无论你有多少金钱,只要你付出了劳动,就应该坦然地接受报酬,因为那是你的劳动所得,同时这也是尊重劳动的一种体现。

与其制订漫长的计划,不如立即开始行动

头脑中想着行动而不是信条,将有助于满足我们最大的需要。——朗费罗

奥马尔是一位有作为的皇帝。他的头脑里充满了智慧,而且稳健、博学,为人们所敬仰。

有一次,一个年轻人问他:"您是如何做到这一切的,一开始您是否就已经制订了一生的计划呢?"

奥马尔微笑着说:

"到了现在这个年纪,我才知道制订计划是没有用的。

"当我 20 岁的时候我对自己说:'我要用 20 岁以后的第一个 10 年学习知识;第二个 10 年去国外旅行;第三个 10 年,我要和一个美丽、漂亮的姑娘结婚并且生几个孩子。在最后的 10 年里,我将隐居在乡村,过着我的隐居生活,思考人生。'

"终于有一天,在前 10 年的第 7 个年头,我发现自己什么也没有学到,于是我推迟了旅行的安排。在以后的几年时间里,我学习了法律,并且成了这一领域举足轻重的人物,人们把我当作楷模。

"这个时候我想要出去旅行,这是我心仪已久的愿望,但是各种各样的事情让我无法抽身离开。我害怕人们在背后指责我不

负责任，后来我只好放弃旅行这个想法。

"等到我 40 岁的时候，我开始考虑自己的婚姻，但总是找不到自己以前想象中美丽、漂亮的姑娘。直到 62 岁的时候，我还是单身，那时候我为自己这么大一把年纪还想结婚而感到羞愧，于是我又放弃了找到一个姑娘并且和她结婚的想法。

"后来我想到了最后一个愿望，那就是找一个僻静的地方隐居下来，但是我一直没有找到一个地方。如果要有什么大的疾病，我恐怕连这个愿望都完成不了。

"这就是我一生的计划，但是一个也没有实现。

"孩子，你现在还年轻，不要把时间浪费在制订漫长的计划上，只要你想到要做一件事，就马上去做。计划赶不上变化快。放弃计划，立刻行动吧！"奥马尔最后说。

成长智慧

人生不能没有计划，没有计划就会很茫然。制订计划固然很重要，但不可把时间浪费在制订计划上，更不可制订了计划不去执行，否则计划就失去了意义。计划赶不上变化快，与其制订漫长的计划，不如立即开始行动。

在气头上的时候,不要轻易说话或行动

名人名言

> 人需要温顺,不要过度地生气,由于从愤怒中常会产生出对易怒的人的重大灾祸来。——伊索

一个人因为一件小事和邻居争论得面红耳赤,他们谁也不肯让谁。最后,那人气呼呼地跑去找牧师,牧师是当地最有智慧、最公道的人。

"牧师,您来帮我们评评理吧。我那邻居简直不可理喻,他竟然……"那个人怒气冲冲,一见到牧师他就开始了抱怨和指责,但他马上被牧师打断了。

牧师说:"对不起,正巧我现在有事,麻烦你先回去,明天再说吧。"

第二天一大早,那人又愤愤不平地来了,不过,显然没有昨天那么生气了。

"今天,您一定要帮我评出个是非对错,那个人简直是……"他又开始数落起别人的劣行。

牧师不紧不慢地说:"你的怒气还是没有消除,等你心平气和后再说吧。正好我的事情还没有办好。"

一连好几天,那个人都没有来找牧师了。牧师在前往布道的路上遇到了那个人,他正在农田里忙碌着,他的心情显然平静了

许多。

牧师问道:"现在,你还需要我来评理吗?"说完,微笑地看着对方。

那个人羞愧地笑了笑,说:"我已经心平气和了,现在想来也不是什么大事,不值得生气的。"

牧师仍然不紧不慢地说:"这就对了,我不急于和你说这件事情,就是想给你时间消消气啊!记住:不要在气头上轻易说话或行动。"

成长智慧

很多人往往因为一点小事就生气,并指责别人的不是。其实,仔细想一想,没有什么事是值得生气的。在气头上的时候,不妨告诉自己:等一等说话或行动。等到心平气和时,你会发现,没有什么气可生了。

不要仅凭一两次的侥幸，就只想去做侥幸的事

　　侥幸不是幸运而只是碰巧而已。——英格索尔

　　从前有个工匠，以打制金属装饰品为业。这只是一门很普通的手艺活儿，挣的钱不多。工匠常常考虑：怎样才能凭自己的这点本事赚很多很多的钱，不但可以养活家人，还可以很快发财呢？

　　有一次，工匠出门办事，在郊外碰到一大群人正鸣锣开道、前呼后拥地过来，路上的行人都不准随便走动。原来这会儿正赶上皇帝出巡，工匠便和其他人一起跪在路边迎候。

　　皇帝出来郊游，正高兴地四顾欣赏风景，忽然觉得头上什么东西不对劲，伸手一摸：糟了，头上戴的平天冠坏了。现在离皇宫又这么远，回去也来不及，这岂不是有损皇帝的威仪吗？皇帝只好叫贴身的侍臣问一下路上的百姓有没有会修补平天冠的。

　　听了侍臣的问话，工匠马上从人群里钻出来，恭恭敬敬地说："小人会修。"这到底是自己的本行，工匠很熟练地就把平天冠修好了。皇帝非常高兴，马上叫左右赏赐给工匠丰厚的财物，比他一年赚的钱还多得多。

　　在回家的路上，工匠要经过一座山。在山里他遇到了一只大老虎，吓得他转身就想逃。可是他听到老虎在痛苦地呻吟，就大着胆子上前去瞧了一瞧。只见老虎眼里都是泪水，它躺在地上，

伸出爪子给工匠看，原来虎爪上扎了一根大竹刺，鲜血直流。工匠说了句："这个好办。"就取出随身携带的工具干起来，不一会儿，他就把竹刺给拔出来了。

老虎用嘴扯了扯工匠的衣角，示意他不要走开，就跑不见了。不一会儿，老虎回来了，它衔来一头鹿放在工匠面前，好像是给他的酬谢，工匠高兴地收下了。

回到家里，工匠赶紧叫来妻子说："我们要发财了，我有两个技术，可以马上致富。"说完他将大门上那块"打制金属装饰品"的牌子取下，把"专修平天冠兼拔虎刺"的牌子挂了上去。

结果可想而知。

成 长 智 慧

在每个人的一生中，总会碰上那么一两次侥幸的事，但这样侥幸的事不会天天发生。所以，我们要以一颗平常心来看待这样的事，不可一味地等着这样的事再次发生。否则，不但等不到，而且还会失去很多原本不该失去的东西。

巧妙地利用潜在的资源，能把不可能变成可能

名人名言

资源，只要挖掘就会挖到。——松下幸之助

在商界，有这样一个广为流传的故事。

在美国的一个小乡村，住着一个老人，他有个儿子，爷俩相依为命。

突然有一天，一个人找到老人，对他说："尊敬的老人家，我想把你的小儿子带到城里去工作。"

老人气愤地说："不行，绝对不行，你赶紧走吧！"

这个人说："如果我在城里给你儿子找个对象，可以吗？"

老人摇摇头："不行，快走吧！"

这个人又说："如果我给你儿子找的对象，也就是你未来的儿媳妇是洛克菲勒的女儿呢？"老人想了又想，终于被让儿子当"洛克菲勒的女婿"这件事情说动了。

过了几天，这个人找到了"石油大王"洛克菲勒，对他说："尊敬的洛克菲勒先生，我想给你的女儿找个对象。"

洛克菲勒说："不行，快走吧！"

这个人又说："如果我给你女儿找的对象，也就是你未来的女婿是世界银行的副总裁，可以吗？"

于是，洛克菲勒就同意了。

又过了几天,这个人找到了世界银行的总裁,对他说:"尊敬的总裁先生,你应该马上任命一个副总裁。"

总裁先生摇着头说:"不可能,这里这么多副总裁,我为什么还要任命一个副总裁呢,而且必须马上?"

这个人说:"如果你任命的这个副总裁是洛克菲勒的女婿,可以吗?"

总裁先生马上同意了。

成长智慧

在这个世界上,很多事看起来是不可能办成的,因为缺少许多条件。其实,很多时候,只要肯动脑筋,巧妙地利用某些潜在的资源,往往就能把不可能变成可能。

有些建议的价值，远远超过行动的价值

多听听别人的建议，对自己大有益处。——梅里美

有一户人家建了座新房子，但厨房没有安排好，烧火的土灶烟囱砌得太直，土灶旁边堆着一大堆柴草。

一天，这家主人请客。有位客人看到主人家厨房的这些情况，就对主人说："你家的厨房应该整顿一下。"

主人问道："为什么呢？"

客人说："你家烟囱砌得太直，柴草放得离火太近。你应将烟囱改砌得弯曲一些，柴草也要搬远一些，不然的话，容易发生火灾。"

主人听了，笑了笑，不以为然，没放在心上，不久也就把这事忘到脑后去了。

后来，这户人家果然失火了，左邻右舍立即赶来，有的浇水，有的撒土，有的搬东西，大家一起奋力扑救，大火终于被扑灭了。

为了感谢大家的全力救助，主人杀牛备酒，办了酒席。席间，主人热情地请受伤的人坐在上席，其余的人也按功劳大小依次入座，唯独没有请那个建议改修烟囱、搬走柴草的人。

大家高高兴兴地吃着喝着。忽然有人提醒主人说："要是当初您听了那位客人的劝告，改砌烟囱，搬走柴草，就不会造成今

天的损失,也用不着杀牛买酒来酬谢大家了。现在,您论功请客,怎么可以忘了那位事先提醒、劝告您的客人呢?难道提出防火的没有功,只有参加救火的人才算有功吗?我看哪,您应该把那位劝您的客人请来,当面致谢并请他坐上席才对呀!"

主人听了,这才恍然大悟,他赶忙把那位客人请来,不但对他说了许多感激的话,还真的请他坐了上席,众人都拍手称好。

事后,主人新建厨房时,就按那位客人的建议做了,把烟囱砌成弯曲的,柴草也放到安全的地方去了,后来他家再也没发生过火灾。

成 长 智 慧

无论做什么事情,最好都要有点预见性。如果自己没意识到,最好听听别人的建议,防患于未然总比出了险情再去补救要好。所以,有些建议的价值,远远超过行动的价值。

稍稍转变一下思想，往往就会出现新的转机

善于思考的人思想急速转变，不会思考的人晕头转向。

——克柳夫斯基

深夜两点多钟，一名决定自杀的青年打电话回家。

"爸，我不回家了，我对不起你们。会考考成那样，小敏昨天又说要分手，我没脸再活下去了。"

爸爸静了好一会儿，缓缓地说："你要这样，我也没办法，我也老了，到哪里找你去？你考得不好，大概是因为我们智商平平；你被小敏甩了，大概是我们把你生得太丑，错在我们，怨不得你！"

"爸，你们保重，我不能尽孝了。"

"我们的事你就别管了，但你要自杀，有两件事不可不注意：一是要穿戴整齐，别叫人笑话。二是别死在度假屋里，人家还要靠它赚钱呢！弄脏了地方，对不起人家。"

他想了想，说："爸，你想得周到，我会按你的吩咐去做。"

"爸，我最担心的是妈妈，我不敢打电话给她，你帮我编一个谎话，暂时骗骗她，好吗？"

"生死大事都由不得我们了，这种小事倒计较起来了？她不会怎么样的，总得活下去，我们不像你，我们一辈子什么苦没挨过？

早就变成钢筋铁骨了!都像你一样,考试成绩差一点,女朋友跑掉,就要死要活的,我们不知得死多少次了,还能等到把你生下来,养这么大?还等得到三更半夜来跟你说这些令人扫兴的话?"

他被这几句话镇住了,半响出不得声。

"爸,那就这样了……"他突然不知说什么,"都这么晚了,你怎么还没睡?"

"我今晚又失眠了,肚子饿,起来煮一包方便面吃。"

"爸你怎么又吃方便面?医生说总吃方便面对身体不好。"

"做人不要太认真。肚子饿就管不得医生的嘱咐了。没有燕窝、鱼翅,先拿一包方便面顶顶饿也可以。"爸爸的口气突然轻松起来,"你知道吗?我发现了一种方便面的新吃法,一包方便面,放半袋榨菜一起煮,味道妙不可言。从前都不知道方便面有这么好的

吃法。有时候，平平常常的东西换个吃法，就吃出新味道来了。"

爸爸停了停，咂咂嘴，好似在回味，然后说："不过，跟你说这些都没用。"

放下电话，他发呆了好久。方便面和半袋榨菜一起煮。或许是夜半的缘故，他肚子也饿了，想起老爸在家里独享美味，自己也想做来尝尝。有这么好的美味，生活是多么值得留恋啊！

成 长 智 慧

有时候，令我们绝望的不是我们的处境，而是我们害怕失败、害怕接受新挑战的心态。其实，在绝望的时候，只要我们稍稍转变一下思想，往往就能出现新的转机。

在自然规律面前，人人都是平等的

自然是真正的法律。——弗洛里奥

一个饱受歧视的残疾老人颤巍巍地来到上帝的面前，他不甘心地问："上天为什么要剥夺我正常行走的权利？"上帝没有回答，只是递给他一面圆镜。老人接过镜子，看见了下面的情形：

疾病魔王在空中逡巡，瞪着狰狞的大眼球搜寻下手的目标，许多人的命运就捏在他的手里。袭击了许多人之后，最后的目标是一个小男孩，疾病魔王准备将魔爪伸向生机勃勃的小生命。

这时，健康女神拦在病魔的面前，厉声道："住手！多么天真多么可爱的孩子啊，你怎么下得去手？"

疾病魔王蔑视着健康女神："不要阻止我！你休想用温情作为对付我的武器，我从不相信眼泪！我的责任就是把美丽变成丑陋，把聪明变成愚钝，把雄壮变成猥琐！"

健康女神愤怒地说："你不能下手。你看这孩子多么无辜，你将改变他的一生，毁掉他的事业、爱情和婚姻，毁掉他的一切，这是多么的残忍和狠毒啊！"

疾病魔王反驳道："这不能怪我！这只能归罪于人类的智慧。当人类的科技还没有发达到足以消灭我的时候，世界就有我的一席之地，我就要去袭击人类。不管他是孩子、青年还是老人，也不管他高贵还是低贱,这是我的原则!"

健康女神无奈地责问:"难道这个孩子注定要遭此劫难吗?"

疾病魔王轻描淡写地说:"那倒不是,我可以告诉你,在我的宫殿里,有一个巨大的玻璃容器,里面装着无数只小球,小球上写着世界上所有活着的人的名字。每天,我在出门之前,都要端起容器摇两下,然后随手从容器里抓取一把小球,小球上的名字对应着我要袭击的人。"

"也就是说,一个人一生命运的改变都不过是你的一次随意抓取,对吗?"接着,健康女神绝望地叹息道:"可怜的不幸的人们啊!"说完,她悲伤地离去了。

疾病魔王望着健康女神的背影得意扬扬,然后把魔爪伸向了那个天真可爱的男孩。

从此,这个男孩拄着拐杖走在风雨里,一直到老……

老人看后沉默了好久,将圆镜还给了上帝,叹道:"世人一直认为残疾是我注定的命运,从而像对待另类一样歧视我。真是遗憾啊!他们无法得到这样的一面镜子!"

成长智慧

在自然规律面前,人是渺小的,也是无能为力的,人与人之间根本不存在谁比谁更优越的问题。所以,任何时候,我们都不能心存侥幸,认为自己高人一等,看不起别人,甚至歧视别人。同时,无论自己有什么缺陷,也不要自卑,因为缺陷也是一种自然的结果。

第四章

如果无法改变环境，那就改变自己的态度

如果我们无法选择想要的，那么，唯一的方法就是改变自己的态度——认真对待我们现在所拥有的。即使我们身处某种不喜欢的环境，也应该努力把自己分内的事情做好，不要应付了事。如果我们无法改变环境，那就改变自己的态度。

只要心存希望,幸福的未来就会冲你招手

希望似阳光,驱散迷雾,照亮前进的道路。——龚世奇

二战期间,位于捷克斯洛伐克的泰里兹集中营,本来只能容纳约 7000 人的地方,却被塞进了近 6 万犹太人。除了饥饿和疾病带来的死亡之外,还有一部分死亡数字来源于自杀。这里可以说是一个活生生的人间地狱……

有一天,一个叫希特的中年人被关进了集中营,在这之前他从事乐队指挥工作。他是一个乐观主义者,一直相信正义必能战胜邪恶。集中营里非人的生活,使每个人的心都被绝望的乌云笼罩着,许多人虽然还活着但心已经死了,他们觉得日子太没盼头了。希特对自己说:"不!我们不能这样生活,要知道法西斯必将灭亡,我们一定会迎来幸福快乐的新生活。"

一次,他从垃圾堆里捡到了一个破旧不堪的手风琴,便自弹自唱起来,他悄悄地告诉每个难友:"不要绝望,要相信希特勒很快就要灭亡,我们要用快乐的歌声迎来每一个黎明,迎来我们的自由和解放。"于是,越来越多的人加入了他的合唱,他特别喜欢唱意大利作曲家威尔第的《安魂曲》,他要以此歌为法西斯送终。后来他索性组织了一个合唱团,每天晚上在集中营里演出。他们的歌声给越来越多的人带去希望和快乐,使他们忘掉了暂时的黑暗和羞辱。后来有些人在回忆希特时说:"要是没有希特,我们不可能活下来。是他使我们感受到了生命的可贵和对生活的热情。"

纳粹党并不知道希特歌唱和组织乐队演唱的真正意图,他们认为这不过是囚犯因为过于无聊而组织的活动,所以也没有过多的干涉。虽然希特最终被处死了,但他却拯救了许多人。

成 长 智 慧

面对挫折、苦难,要保持一种乐观的情怀和一种积极向上的人生态度。如果你感到痛苦,证明你的心还不曾麻木。要相信,苦难总会过去,只要心存希望,幸福的未来就会冲你招手。其实,生命本身就是一种幸福——如蚌之含沙,在痛苦中孕育着璀璨的明珠。

管理好自己的情绪，才能变得稳重而理性

一个人如果能够控制自己的激情、欲望和恐惧，那他就胜过国王。——约翰·米尔顿

有一名年轻人大学毕业后，到一家企业上班。他的工作是秘书，但大家都叫他"助理"。

他在大学里是学生干部，现在却做别人的助理，心里很不痛快，特别是老李、小张什么的动不动就唤他去打杂时，他心中就有无名火。他觉得很没尊严，自己又不是奴才，凭什么被他人指挥着干这个又做那个。不过，事后冷静一想，他们并没有错，自己的工作本就是这些琐碎小事。刚进公司时，王经理也事先对他这么说过，但涉及具体事情，他的情绪就有点失控，有时咬牙切齿地干完某事，又要笑容可掬地向有关人员汇报说："我做好了！"有几次，他还与同事争吵了起来。从此以后，他的日子更不好过了，大家都有些孤立他。

这天，女秘书小孙不在，王经理便点名叫他到办公室去整理一下办公桌，并为他煮一杯咖啡。他硬着头皮去了，王经理一眼就看出他的不满，便一针见血地指出："你觉得很委屈是不是？你有才华，这点我信，但你必须从头做起！"他心里一惊，"他竟看透了我的心！"他笑了笑。经理叫他先坐下来，聊聊近况。

可没有椅子呀！他总不能与经理并排坐在双人沙发上吧？经理到底在开什么玩笑？这时，王经理意有所指地说："心怀不满的人，永远找不到一把舒适的椅子。"难得见到经理如此的亲切慈祥，他放松了许多。原来，他不像一个剥削者，他更像自己的一个合作伙伴，只不过，他是长辈，我需要尊重他。他手脚忙乱地弄好一杯咖啡后，开始整理经理的桌子，其中有一盆黄沙，细细的，柔柔的。他觉得奇怪，这干吗用呢？又不种仙人球，这人真怪！王经理似乎看透了他的心思，他伸手抓了一把沙，握拳，黄沙从指缝间滑落,很美！王经理神秘地一笑："你以为只有你心情不好，其实，我跟你一样，但我已学会控制情绪……"

原来,那盆黄沙是用来消气的。是一位研究心理学的朋友送的，一旦他想发火时，便抓抓沙子，它会舒缓紧张激动的情绪。朋友的这盆礼物,已伴经理从青年走向中年，他也从一个鲁莽的打工仔，成长为一名稳重、理性的管理者。王经理说："先学会管理自己的情绪，才会管理好其他的人。"年轻人的心一下子畅快了许多，他忍不住抓了一把黄金般的沙子。

成长智慧

我们追求完美却无法达到完美，所以我们在不断地挑剔整个世界，然而世界不会因为我们而改变。不要总对现状感到不满，我们只有适应了这个世界，才有追求完美和成功的资格，才有改变它的能力。放松心态，从小事做起，等到你能驾驭自己情绪的时候，成功便会向你微笑。

命运全在搏击，奋斗就有希望

一个人必须经过一番刻苦奋斗，才会有所成就。——安徒生

1927年，美国阿肯色州的密西西比河大堤被洪水冲垮，一个9岁的黑人小孩的家被冲毁。在洪水即将吞噬他的一刹那，母亲用力把他拉上了堤岸。

1932年，男孩8年级毕业了，因为阿肯色州的中学不招收黑人，他只能到芝加哥读中学。家里没有那么多钱，那时，母亲做出了一个惊人的决定——让男孩复读一年。她则为整整50名工人洗衣、熨衣、做饭，为孩子攒钱上学。

1933年夏天，家里凑足了学费，母亲带着男孩踏上了火车，奔向陌生的芝加哥。在芝加哥，母亲靠当佣人谋生。男孩以优异的成绩中学毕业，后来又顺利地读完了大学。

1942年，他创办了一份杂志，但最后一道障碍是缺少500美元的邮费，不能给客户发函。一家信贷公司愿意贷款给他，但有个条件，得有一笔财产做抵押。母亲曾分期付款好长一段时间买了一批新家具，这是她一生最心爱的东西，但她最后还是同意将家具做了抵押。

1943年，他创办的那份杂志获得了巨大成功。男孩终于能做自己梦想多年的事了：将母亲列入他的工资花名册，并告诉她算是退休工人,再也不用工作了。那天,母亲哭了,那个男孩也哭了。

在后来一段日子里,男孩经营的一切仿佛都坠入谷底,面对巨大的困难和障碍,男孩已经无力回天。他心情沮丧地告诉母亲:"妈妈,看来这次我真要失败了。""儿子,"母亲说,"那你努力试过了吗?""试过了。""非常努力吗?""是的。""很好。"母亲果断地结束了谈话,"无论何时,只要你努力尝试,就不会失败。"果然,男孩渡过了难关,攀上了事业新的巅峰。

这个男孩就是驰名世界的美国《黑人文摘》杂志创始人、约翰森出版公司总裁、拥有三家无线电台的约翰·H·约翰森。

成长智慧

奋斗是每个成功人士的必经之路。每一条成功之路都撒满了奋斗的脚印。机遇固然重要,但把握机遇仍要以奋斗为前提。于逆境中求生存,于顺境中求发展。有缺点意味着我们可以进一步完善,不努力做事,将永远面对失败。命运全在搏击,奋斗就有希望。

真正伟大的人,不会计较自己的功劳

成功之道无他,唯悉力从事你的工作,而不要存沽名钓誉之心。——朗费罗

某大学里,教授和学生们在座谈。教授说:"卡拉 OK 是 1971 年发明的。如果你们是发明者,你们会怎么办?"学生甲说:"我会立即申请专利,保证自己的知识产权。"学生乙说:"我会以技术入股,做娱乐界的比尔·盖茨。"学生丙说:"我会把整项技术一次性作价转让,因为我还想读博,还想留美。"教授说:"你们的想法都不错,归结成一条,就是通过各种途径把发明转化成钞票,这是对自己创意劳动的肯定。但你们当中,有谁能把这项发明无偿地奉献给社会呢?"全场静悄悄的,无人应答。

教授说:"你们很朴实,很真诚,很实在,没有哗众取宠,没有假意表演,我很高兴。其实,我刚才的问题仅仅是个假设,如果你们真的是发明者,你们还会强化你们的营利思想。"学生们还是不言不语。这个时候,他们同时生出一个疑问,就是真实的发明者是怎样对待这件事的呢?

教授也看出了学生们的心理变化。他说:"你们或许知道,卡拉 OK 的发明者是日本人井上大佑,当时他是神户一个乐队的鼓手。他没有听从一些好意者的劝说去申请专利,或者技术入股,或者有偿转让，而是默默地将这项技术奉献给了社会。如果他当年为此申请专利，如今至少可以收入1.5亿美元。""啊？"学生们立即惊叫起来。教授接着说："20世纪80年代，卡拉OK已成为通行全亚洲的一个流行词汇，但是井上大佑却没有像他的机器那样成为名人。直到数年前，井上大佑才名震四方。卡拉OK登陆欧美后，《时代》杂志将井上大佑评为'20世纪亚洲最有影响力的人'，称他改变了亚洲的夜晚；哈佛大学授予他'另类诺贝尔奖'的和平奖，因为他向人们提供了宽容相处的新工具；他的故事被搬上银幕，电影名字就叫《卡拉OK》。对这些荣誉，井上说：'没人比我更感到吃惊了。'这就是真实的井上大佑。他的发明改变了全世界无数人的娱乐生活，但他却从没把这事放在心上。"

学生们听得很认真，教授继续说："2006年5月25日，英国《独立报》刊登了对这位'卡拉OK之父'的专访。在访谈中，已经65岁的井上大佑笑着说：'我不是个发明家，我只是把一些已经存在的东西组合在一起。当时，我偶然萌发了事先把伴奏音乐录制下来的想法。一个汽车音响、一个硬币盒子、一个小安培表，就组成了世界上第一台卡拉OK机。'井上大佑补充说：'我会为这些简单的东西去申请专利吗？'"

这个时候，学生们纷纷地议论起来。有的人说井上大佑异常的愚；有的人说要是我早就跑到角落里大哭一场了；当然，也有的人说井上大佑境界非常的高。教授说："你们仁者见仁，智者见智。不管是申请专利也好，还是不以为然也好，都是一种不违反法律、不违背道德的行为，我们不能说哪种方式是对的，哪种方式是错的。当然，不管是哪种方式，都是一个人的内在个性驱使，我们只能来评价个性。在法律允许的前提下，靠自己的发明赚取最大的利益不为过，有时候还要提倡。作为其源头的个性，如果来评价，我们可以称其为浓郁的个性。对于自己的巨大贡献，整个社会都看到了，而唯独自己不当回事，这也是一种个性在驱动。如果来评价这种个性，我们不妨称其为明媚的个性，心底无私，透彻见底，同时又那么灿烂夺目。"

成长智慧

伟人因为没有私心而伟大，真正伟大的人不是时时处处想着自己，而是在为他人服务之后不计较自己的功劳，因为他有一颗为别人服务却不计报酬的心。其实成全别人的同时，也就成全了自己。

衡量幸福的砝码，就在我们自己心中

有生活的时候就有幸福。——列夫·托尔斯泰

一个周末，罗伯特来到老朋友鲍勃的住处，见鲍勃一个人坐在新买的房子里对着一张报纸发呆，于是便问："鲍勃，你不是说要去钓鱼吗？为什么不准备渔具，却坐在这里发呆呢？"鲍勃看看手拿渔具兴致勃勃赶来约他去钓鱼的罗伯特，一脸惊讶地说："罗伯特，你可真是好兴致呀，都什么时候了，你还有心情去钓鱼？你没看到今天的报纸上说，现在不但新墨西哥州的房价在狂跌，就连整个美国的房价都跌疯了吗？"罗伯特不明白地问："这跟钓鱼有什么关系吗？"鲍勃摊了摊双手说："我真是搞不懂你！怎么没有关系？我刚刚花高价买了一套房子，房价便跌了下来，谁还有心思去钓鱼啊！"罗伯特依然不解地问："难道你在做房地产生意？"鲍勃说："不，我没有做房地产生意。但是，你想想，原来我住在一栋价值30万美元的房子里，一夜之间，我却住到了一栋价值20万美元的房子里了,你难道不觉得我很亏吗？"罗伯特突然觉得鲍勃的话很有道理，于是也开始发愁，因为他也花30万美元在新墨西哥州买了一栋跟鲍勃一样的房子，可是现在它却只值20万美元了。

整整1个星期，两人愁得茶饭不思，更别说去钓鱼了。一天，罗伯特突然接到鲍勃的电话:"嗨,老伙计,我们去钓鱼吧。"罗伯特说:"你不是说,房价跌了,你没心情去钓鱼了吗?"鲍勃神秘地在电话里笑了笑说:"告诉你一个好消息,报纸上说,现在的房价又涨了,像我们那样的房子现在要 35 万美元才买得到。"罗伯特听了高兴得跳了起来:"真的?这么说,我们现在住在价值 35 万美元的房子里,我们可真幸福啊!"鲍勃说:"是的,老伙计,我们真的很幸福,难道我们现在不应该去钓鱼吗?"

成长智慧

有时,幸福也有一张晴雨表,它是以外界为基础的,但最根本的衡量砝码还是在自己的内心。只要想开一些,有的事情根本不值得我们烦恼,幸福的晴雨表中自然就会多一些晴天。

打败惰性心理，才能发挥超常水平

懒性会将一个人活埋。——泰勒

某大学中文系有这样一位教授，讲课时他从不带教案，讲起课来，天马行空，洋洋洒洒。有时候需要引经据典，他能滔滔不绝地引上半个小时，有学生在下面逐字对照，发现一字不差，大家都很佩服他。

于是大家都想，教授家里一定有很多藏书。有一天，几个同学去教授家，发现书房里几乎没有书。他们十分奇怪："您家里没有书，怎么能读到那么多的书？您又是怎样把它们牢记于心的呢？"教授答道："那是因为我读书的方式跟你们不一样。你们读书是藏书，而我读书却是撕书。"大家更加迷惑了。教授接着说："藏书的人对书都有一种依赖思想，觉得用的时候随时可以拿出来，正因为如此，就不认真读，读书倒像是给别人做样子。而我正好相反，我知道当我用书的时候，可能那本书并不在身边，或者由于时间紧迫，我无法及时找到那本书、那一页。所以我每读新的一页时，都把它撕下来，随身带着，反复看，反复悟，直到完全消化吸收之后，我就把它烧掉。我烧掉的只是书的外形，而不是书的精髓，书的精髓已经跟我融为一体。所以藏书不如撕书，藏书是为别人，撕书却是为自己。"

即使在高手如林的北大，教授的这番言语也着实令人为之惊叹。

成长智慧

有些时候，由于我们太过于依赖我们所拥有的东西或工具，而忽视了自己原本可以做到更好的能力。依赖让我们不愿自己行走，养成一种惰性心理，我们只有打败这种心理，才能成为强者。

摘下有色眼镜,才能看到得到更多

记住,鉴别力衰弱时,偏见就会占上风。——奥哈拉

在炎热的午后,一个穿着汗衫、满身汗味的老农民,伸手推开了厚重的汽车销售中心玻璃门,他一进入,迎面立刻走来一名笑容可掬的柜台小姐,她很客气地询问老农民:"大爷,我能为您做点儿什么?"老农民有点腼腆地说:"不用,只是外面天气热,我刚好路过这里,想进来吹吹冷气,马上就走了。"小姐听完后亲切地说:"今天实在太热了,气象局说有32℃呢,您一定热坏了,我帮您倒杯水吧。"

接着便请老农民坐在柔软舒适的沙发上休息。"可是,我们种田人衣服不太干净,怕会弄脏你们的沙发。"小姐边倒水边笑着说:"没关系,沙发就是给客人坐的,否则,公司买它干什么?"喝完水,老农民便走向销售中心内的新货车,他东瞧瞧,西看看。这时,那名销售小姐又走了过来:"大爷,这款车动力很强劲哦,用不用我帮您介绍一下?""不用!不用!"老农民连忙说,"你不要误会了,我可没有钱买,种田人也用不到这种车。""不买没关系,以后有机会您可以帮我们把它介绍给别人。"然后小姐便详细耐心地将货车的性能逐一地介绍给老农民听。

听完后,老农民突然从口袋中拿出一张皱巴巴的白纸,交给这名销售小姐，并说："这些是我要订的车型和数量，请你帮我处理一下。"小姐有点惊诧地接过来一看，这位老农民一次要订8台货车，她连忙紧张地说："大爷，您一下订这么多车，我们经理不在，我必须找他回来和您谈，同时也要安排您先试车……"老农民这时语气平缓地说："姑娘，不用找你们经理了，我本来是种田的，刚投资了货运生意，需要买一批货车，但我对车子外行，最担心的是车子的售后服务及维修，因此我儿子教我用这个方法试探每一家汽车公司。这几天我走了好几家，每当我穿着同样的旧汗衫进入汽车销售中心，同时表明我没有钱买车时，常常会受到冷落，让我有点难过……而只有你们公司在我不是你们客户的情况下，还那么热心地接待我，为我服务，对于一个不是你们客户的人尚且如此，更何况是你们的客户呢？"

成 长 智 慧

与人相处最主要的一条原则应该是真诚。戴上有色眼镜看人是不可取的，不要因为对方不能给我们带来利益就冷眼相对。利益只是暂时的，摘下有色眼镜，我们才能看到得到更多。

唯有丰富的人生，才不会排斥与磨难同行

> 困难与折磨对于人来说，是一把打向坯料的锤，打掉的应是脆弱的铁屑，锻成的将是锋利的钢刀。——契诃夫

有一间不含任何有毒物、完全以自然物质搭建而成的房子坐落在美国的一座山丘上，住在里面的人需要由人工灌注氧气，并只能以传真与外界联系。

这间房子的主人叫辛蒂。1985年，辛蒂在医科大学念书时，有一次她到山上散步，带回一些蚜虫。一天，她拿起杀虫剂为蚜虫去除化学污染，自己却感觉到一阵痉挛，杀虫剂内含的化学物质使辛蒂的免疫系统遭到破坏，她的后半生就此毁于一旦。

她对香水、洗发水及日常生活接触的化学物质一律过敏，连空气也可能使她支气管发炎。这种"多重化学物质过敏症"是一种慢性病，目前尚无药可医。患病头几年，辛蒂睡觉时直流口水，尿液变成了绿色，汗水与其他排泄物还会刺激背部，形成疤痕。她不能睡经过化学处理的垫子，否则会引发心悸。辛蒂所承受的痛苦是常人难以想象的。

1989年，辛蒂的丈夫吉姆用钢与玻璃为她盖了一个无毒的空间，一个足以逃避所有威胁的"世外桃源"。辛蒂所有吃的、喝的都经过特别的选择与处理，她平时只能喝蒸馏水，食物中不

能含有任何化学成分。多年来,辛蒂躲在无任何装饰物的小屋里,饱尝孤独之余,还不能放声大哭。因为她的眼泪跟汗一样,可能成为威胁自己的毒素。

坚强的辛蒂并没在痛苦中自暴自弃,她不仅为自己,也为所有化学污染物的牺牲者争取权益而奋战。1986年,辛蒂创立了"环境接触研究网",致力于此类病变的研究。1994年,她又与另一组织合作,创立了"化学伤害资讯网",帮助人们免受威胁。目前这一资讯网已有5000多名来自32个国家的会员,不仅发行刊物,还得到美国上院、欧盟及联合国的支持。

生活在这个寂静的无毒世界里,辛蒂感到很充实。

成长智慧

人生在世,谁能够逃避磨难的洗礼呢?人生本来就是酸甜苦辣谱成的曲子,我们无可回避地要与磨难同行。正如一位哲人所说:"唯有空白的人生,才会与磨难绝缘;唯有丰富的人生,才不会排斥与磨难同行。"

守得住自己的信念，耐得住外来的苦楚

沉沉的黑夜都是白天的前奏。——郭小川

在中国台湾省，有一个自小父母离异的年轻人，母亲含辛茹苦地把他抚养成人。年轻人小的时候对音乐情有独钟，并表现出惊人的天赋。望子成龙的母亲省吃俭用，终于凑钱为他买了一架钢琴。弹着钢琴，年轻人挖掘着潜力，慢慢集聚着自己的音乐资本。

高中毕业后，年轻人没有考上大学，他只能到餐厅当服务员，他曾被老板骂过，也被克扣过薪水。后来，一个偶然的机会，这个年轻人被台湾地区乐坛老大吴宗宪"相中"，进入他的公司做音乐制片助理。期间，他仍不停地写歌，结果都被吴宗宪搁置一旁，有的甚至被当面扔进纸篓。年轻人并没有因此泄气，吴宗宪被他的努力所打动，答应找歌手唱他的歌。但是，许多歌手都不愿意为他一展歌喉，因为他写的歌太稀奇古怪。年轻人仍一如既往、默默地进行着自己的创作。

有一天，吴宗宪给了年轻人一个机会：十天，写五十首歌，

然后挑选十首，为他出专辑。年轻人废寝忘食，没日没夜，绞尽脑汁，拼命写歌。终于，他的第一张专辑问世了，并立即轰动了歌坛。紧接着第二张专辑又风靡流行音乐界。

或许读到这里，爱好音乐的朋友已经猜到这个故事的主角是谁了。他，就是目前非常受欢迎的歌手周杰伦。

成 长 智 慧

每个人成功的背后都有太多的坎坷和无奈，在成功之前，没有鲜花和掌声，甚至得不到任何人的认可。当我们看不到希望时，成功与否就看我们能不能守得住自己的信念，耐得住那份不被理解的苦楚。

第五章

从某种意义上说，我们每个人都是百万富翁

有很多金钱的人生，不一定就是幸福的人生。人生中的财富不仅仅是有多少金钱，除了金钱还有朋友、亲人、生命、健康等。从某种意义上说，我们每个人都是百万富翁。

想要达到最高处，必须从最低处开始

看低自己也是一种智慧。——萨迪

一个国王和他的大臣们在一次冬季的狩猎中迷了路，走到了一个人烟罕至的地方。

当夜晚来临之际，他们好不容易才发现一处农人的房子。

于是国王说："我们在这儿过夜吧。"

但是有位大臣却极力反对，他认为尊贵的国王到农人家避难有失尊严，还是自己搭帐篷较为妥当。

农人知道了这种情形，就说："国王的尊贵不会降低，只是朝臣不希望农人的尊贵提高。"

国王听了这句话觉得很有道理，就走进他的房子过夜，并在第二天早晨赏赐给他一些财物。

离别前，农人陪着国王散步，恳切地说："接受了农人，国王的权力和伟大没有损失，但是当您这样一位国王遮住农人的头时，农人的帽檐却无法延伸到阳光下。现在，您已经达到最高处了，因为您能从最低处开始。"

再来看下面这个故事。

有一个青年人，他对生活的不满和内心的不平衡一直在折磨着他，他觉得怀才不遇而又牢骚满腹。有一次，他乘同学敏家的渔船出海，使他一下子茅塞顿开。

敏的父亲是一个老渔民，他在海上打了20多年的鱼，看他那从容不迫的样子，青年人心里十分敬佩。

青年人问他："伯伯，您每天打多少鱼？"

他说："你不知道，孩子，打多少鱼并不是最重要的，关键只要不是空手回来就可以。在小敏上学的时候，为了供他读书，不能不想着多打一点。现在小敏毕业了，又有了不错的工作，我也就不计较打多少了。"

青年人若有所思地看着远处的海，突然想听听老人对海的看法。他说："海是伟大的，它滋养了那么多生灵……"

老人说："那么你知道为什么海那么伟大吗？"

青年人不敢贸然接茬。

老人接着说："海能装那么多水，关键是因为它位置最低。"

成长智慧

海的位置最低，所以才能笑纳百川，人也一样。一个人只有把自己的位置放得很低，才能够得到更多的东西。正如一位哲人所说，想要达到最高处，必须从最低处开始。

被别人抢不走的知识，才是属于自己的知识

知识是心灵的活动。——本·琼森

安萨里外出游学近十载，几乎集中了那个时代人与主的全部智慧。他把那些书籍、笔记打包背在身上。

终于，他可以背着自己鼓鼓囊囊的包回家了，满怀着对知识的虔诚离开尼沙布尔——那个中世纪最负盛名的"知识之城"。

在西亚通向中亚的茫茫高原上，有好多的商队，为知识而奔波的人毕竟是少数，而为金钱不择手段者则充塞了道路。

安萨里遇到了强盗。他们搜掠了商队的所有财宝，现在轮到安萨里了。

"除了这些东西，我可以把我所有的东西给你们，求你们把这些东西留给我。"安萨里抱着自己的包裹。

这些东西是什么？难道比金银珠宝更贵重？强盗们打开了安萨里的包，看到里面不过是一大堆黑纸。强盗们很迷惑，这个文弱的青年不远千里要背回家的难道就是这堆没有一点儿光泽的黑纸？

"这是什么？有什么用处？"

"这是我多年的学习笔记，对你们毫无用处，对我却是无价之宝。如果你们把它拿走，我的知识就没了。求求你们，把它留

给我吧，我在求知的路上付出了太多的艰辛啊！"

黄沙弥漫，地阔天空。中世纪的太阳高悬在不名一文的年轻学者和强悍的文盲头上，苍茫而鲜亮。

强盗头子哈哈大笑："抢走你的知识？哼！"强盗们发出此起彼伏的笑声。

强盗头子说："什么知识？我看到的不过是一堆破书和笔记而已。捆在包里的知识、能被我抢走的知识恐怕不是你的知识吧。蠢货，打你都怕脏了我的手，滚吧！"

史书没有记载安萨里包裹的去向。可以想象，强盗们一定是狠狠地把包裹掷向安萨里，然后绝尘而去。

安萨里后来成为塞尔柱王朝时期最伟大的思想家和著作家，他的《哲学家的矛盾》《迷途指津》成为那个时代思想的高峰，他的仅有两万多字的《致孩子》还曾被联合国教科文组织指定为世界儿童必读书。

安萨里说："引导我思想成长的最好箴言是从强盗的口中听到的。"

成 长 智 慧

依靠一些书本或记录，并且必须随时带在身上的知识，并不是属于自己的知识，因为这样的知识随时都有遗失的可能。别人无法抢走的、记在心里的、能学以致用的知识，才是真正属于自己的知识。

你的坚持,终将美好

好东西不一定适合,适合的也不一定是好东西

你认为是好的,那就是好的。——加里宁

一条乡村的小路上,有一眼清澈的山泉。村民上街或者串亲戚,路过山泉,便停下来蹲在泉眼边喝水解渴。半边碗就是用来让过路人在泉眼里舀水喝的。

过去,泉边连半边碗也没有,人们就用手捧水喝,或用树叶折叠成碗状舀水喝。山泉边有些树木和花草,景色宜人,过路人如果时间不紧,还在泉边歇息,等到养足了精神,才往前赶路。所以,这眼路边山泉是人们流连忘返的地方。至于那个半边碗,当时人们感觉不出它的美和丑,脑海里也留不下什么印象。

直到有一天,一只漂亮的瓷碗的出现和丢失,才让人们对半边碗产生了许多的联想和感慨。不知是什么时候,一只漂亮的瓷碗不声不响地留在了山泉边,代替了那个他们使用多年的半边碗。但大家都知道,是因为泉水太甘甜,泉边的风景太美丽,便有人认为那个半边碗与泉水和泉水边的风景不相匹配,认为只有换上好瓷碗后,泉水边才会更加有情趣。但不管怎么说,一只漂亮的瓷碗被留在了泉边。

然而,让人们想不到的是,没过几天,那只漂亮的瓷碗便不翼而飞了。好碗丢失了,半边碗又被扔掉,人们只好又用树叶或

手捧水喝,相当不方便。所以,又有人买来一只好瓷碗,放到了泉水边。这只瓷碗的命运,与前一只瓷碗的命运相同,时间不长,好瓷碗再次丢失了。

这时候,人们才意识到,半边碗除了在山泉边,在其他地方是没有用处的,而漂亮的瓷碗不论放在哪里都能产生价值和作用。人们对瓷碗的丢失也不再大惊小怪。只不过瓷碗丢失了,只有再去把半边碗捡回来,让它重新回到原来的位置。人们都清楚了,再买好碗放在泉边,已经没有必要,它的好只会给路人带来更大的不便。而那重新捡回来的半边碗,却一直沿用到现在,给路人带来了莫大的帮助。

成 长 智 慧

很多时候,好东西不一定适合,而适合的也不一定就是好东西。所以,我们不必凡事都一味地追求豪华高档、名牌时尚。其实,只要是适合的,就可以说是最好的。

只要做出了承诺,就要用行动去兑现

遵守诺言就像保卫你的荣誉一样。——巴尔扎克

快下班时,百事可乐公司的总裁卡尔·威勒欧普接到市长邀请他参加晚宴的电话,他毫不犹豫地谢绝道:"很抱歉,我已经说好今天晚上陪女儿过生日。我不想做一个失信的父亲。"

走出办公大楼,卡尔给女儿买了生日礼物,驱车直奔市中心新开业的游乐园,去那里与妻子一道为女儿过生日。

为避免打扰,卡尔和妻子都关闭了手机,他们全身心地陪伴着女儿,享受着天伦之乐。

卡尔正兴致勃勃地看着女儿吹灭红红的蜡烛并开始切分蛋糕,他的助理急匆匆地赶来了。他把卡尔叫到旁边,小声汇报说,公司有一个非常重要的客户,很想在今天晚上与他见一面。

"可是,我已经答应了女儿,今天整个晚上都陪在她身边。"卡尔面露难色。

"客户此前确实没有约定,他只在此地做短暂的停留,是临时决定要约见总裁的……"助理委婉地劝说道。

怎么办?一边是已经陪了两个小时、正玩得高兴的女儿,而另一边是等待约见的重要客户。卡尔没有犹豫,他转身告诉助理:"我觉得我还是应该留下来陪女儿,你去接待一下客户,并替我转达真诚的歉意,跟他约好时间,届时我会亲自登门拜访。"

"总裁先生,您是不是先去……"助理提醒总裁这个客户非常重要,丝毫不能得罪的,要不然就不会匆匆地找来了。

"爸爸,您先去忙工作吧,有妈妈陪我就行了。"得知内情的女儿十分理解父亲,催促他去见客户。

"不,我已说过,我不想做一个失信的父亲。今天晚上,市长的宴请和客户的约见,确实都很重要,但我一个月前向女儿许下的承诺更重要,谁都不能改变我做出的承诺。"卡尔一脸的坚定,让助理打消了继续劝说的念头。

第二天,卡尔上班做的第一件事,就是打电话向那位客户道歉,客户非但没有生气,反而由衷地赞叹道:"卡尔先生,其实我要感谢您啊,是您用行动让我真切地记住了什么叫作一诺千金,我明白百事可乐公司兴旺发达的真正原因了。"此后,卡尔和这位客户竟成了非常亲密的合作伙伴,甚至在公司经营遭遇最大困难的时候,也不曾动摇彼此的信任。

成 长 智 慧

无论对谁,也不管是什么事,只要我们做出了承诺,就要用行动去兑现。在生活中是这样,在竞争激烈、尔虞我诈的商业活动中更是如此。"言必信,行必果"永远是我们取信于人、赢得竞争的根本。

把衡量得失的标准绝对化，只能是自寻烦恼

毋庸置疑，失有时比得更有益。——普劳图斯

从前，一个木匠带着几个徒弟到齐国去。师徒一行走到山路的一个拐弯处，看见一座土地庙的旁边有一棵高大无比的栎树。栎树大到什么程度呢？它的树荫可供几千头牛在树下乘凉休息。它的树干又粗又直，在几丈高之后才能见到分枝，而这些树枝粗到可以用来做造船材料的就有好几十枝。许多路人都在围观，连声称奇，只有这个木匠瞄了一眼，扭头走了。

徒弟们看腻栎树之后，追上师父，问道："生平从未见过这么高大华美的树木，师傅怎么看都不看就走了呢？"

木匠说："这棵树没什么用。用来造船，船会沉；做棺材，棺材会腐烂；做器具，器具会破裂；做门窗，门窗会流出汁液；做柱子，柱子会被虫蛀。正是因为它没有用，才会这么长寿，这么高大。"没想到徒弟眼中的奇树神木，在师傅眼里竟然只是一文不值的朽木！

晚上，木匠梦见这棵大树对他说："你怎么能说我没用呢？你想想看，那些所谓有用的橘树、梨树和柚树，在果实成熟时，就会被人拉扯攀折，树很快就会死掉。一切有用的东西无不如此。你眼中的无用，对我来说，正是大用。假如我像你希望的那样有用，

岂不早就被砍了吗？"

木匠醒来，若有所悟。他把这个梦告诉了徒弟。徒弟问道："它既然向往无用，为什么要长在土地庙旁边，引人注意呢？"

木匠答道："如果它不是长在庙旁边，而是长在路中央，不早就被人砍掉当柴烧了吗？"

成长智慧

世间没有绝对的标准。人们通常所谓的标准，都是人为制定的，往往带有很大的主观性，它们会随时代的变迁和社会的发展而改变。所以，千万不要用一把绝对的尺子作为衡量得失的标准，否则只能是自寻烦恼。

一个人唯有身心和谐,才能发挥出最佳水平

身体与心灵合一,才是真正的人。——福莱

金字塔的建造者,不会是奴隶,应该是一批欢快的自由人!第一个做出这种预言的,是瑞士钟表匠塔·布克。1560年,他在埃及的金字塔游历时,做出了这个预言。

2003年，埃及最高文物委员会宣布，通过对吉萨附近六百处墓葬的发掘考证，金字塔是由当地具有自由身份的农民和手工业者建造的，而非希罗多德在《历史》中所记载的，由三十万奴隶所建造。

在四百多年前，一个钟表匠为什么一眼就看出，金字塔是自由人建造的呢？自埃及考古工作者证实了布克的判断后，埃及国家博物馆馆长多玛斯便对这位钟表匠产生了兴趣。他想知道这个人到底是凭什么做出那个预言的。

为了搞清这个问题，他开始搜集布克的有关资料。最后，他发现布克是从钟表的制造，预知那个结果的。

布克原是法国的一名天主教信徒。1536年，他因反对罗马教廷的刻板教规，被捕入狱。由于他是一位钟表大师，入狱后，被安排制作钟表。在那个失去自由的地方，他发现无论狱方采取什么高压手段，都不能使他们制作出日误差低于1/10秒的钟表。可是，入狱前的情形却不是这样。那时，他们在自己的作坊里，都能使钟表的误差低于1/100秒。

为什么会出现这种情况呢？起初，布克把它归结为制造的环境，后来，他们越狱逃往日内瓦，才发现真正影响钟表准确度的不是环境，而是制作钟表时的心情。

对金字塔的建设者，布克之所以能得出自由人的结论，就是基于他对钟表制作的那种认识。埃及国家博物馆馆长多玛斯在有关塔·布克的史料中发现了这么两段话：

一个钟表匠在不满和愤懑中，要想圆满地完成制作钟表的1200道工序，是不可能的；在对抗和憎恨中，要精确地磨锉出制作一块钟表所需要的 254 个零件,更是比登天还难。

金字塔这么大的工程,被建造得那么精细,各个环节被衔接得那么天衣无缝,建造者必定是一批怀有虔诚之心的自由人。真难想象,一群有懈怠行为和对抗思想的人,能让金字塔的巨石之间连一个刀片都插不进去。

塔·布克是第一批因反宗教统治流亡瑞士的钟表匠,他是瑞士钟表业的奠基人和开创者。据说,瑞士到目前仍保持着塔·布克的制表理念:不与那些工作采取强制性、有克扣工人工资行为的国外企业联营。他们认为,那样的企业永远造不出瑞士钟表。

成长智慧

在强制和重压之下,人很容易产生逆反和对抗心理。人的无限潜能,唯有在自由主动、身心和谐的情况下,才能发挥到最佳水平。所以,那种企图借助严苛的政策来提高效率的做法,只能是背道而驰。

一次判断失误,往往就会导致一桩憾事

感官并不欺骗人,欺骗人的是判断力。——歌德

很多年前有一对老夫妇,女的穿着一套褪色的条纹棉布衣服,男的穿着粗布的便宜西装,也没有事先预约,就直接去拜访哈佛的校长。

校长的秘书在片刻间就断定:这两个乡下土老帽根本不可能与哈佛有业务来往。

先生轻声地说:"我们要见校长。"

秘书很礼貌地说:"他整天都很忙。"

女士回答说:"没关系,我们可以等。"

过了几个小时,秘书一直不理他们,希望他们知难而退,可他们却一直等在那里。

秘书终于决定通知校长:"也许他们跟您讲几句话就会离开。"

校长不耐烦地同意了。

校长很有威严而且心不甘情不愿地面对这对夫妇。

女士告诉他:"我们有一个儿子曾经在哈佛读过一年书,他很喜欢哈佛,他在哈佛的生活很快乐。但是去年,他意外身亡了。我丈夫和我想在校园里为他建一个纪念物。"

校长并没有被感动，反而觉得很可笑，他粗声地说："夫人，我们不能为每一位曾读过哈佛而后死亡的人建立雕像。如果我们按您说的做，我们的校园看起来就像墓园一样。"

女士说："不是，我们不是要竖立一座雕像，我们想要捐一栋大楼给哈佛。"

校长看了一眼夫妇二人穿的粗布便宜西装及条纹棉布衣服，然后吐了一口气说："你们知不知道建一栋大楼要花多少钱？我们学校的每座建筑物至少都要750万美元。"

这时，女士沉默一会儿了。校长很高兴，总算可以把他们打发了。

只见她转向丈夫说："只要750万美元就可以建一座大楼？那我们为什么不建一座大学来纪念我们的儿子？"

就这样，斯坦福夫妇离开了哈佛，到了加州，成立了斯坦福大学以纪念他们的儿子。

成 长 智 慧

在没有弄清真相前，不可只凭自己的直觉断定，更不要以貌取人。很多时候，一次判断失误，往往就会导致一桩憾事。

生存固然重要，但决不能放弃自由

自由应是一个能使自己变得更好的机会。——加缪

在一个月朗星稀的夜晚，饥饿的瘦狼遇到了肥壮的看家狗。狼很羡慕狗，想和它交朋友。

"你看上去怎么这么壮实？"狼问，"你肯定比我吃的好多了。"

"唉，如果你要吃我吃的东西，就得干我干的活。"狗说。

"什么活？"狼问。

"就是尽职尽责地给主人看家、防贼什么的。"

"我可以试试吗？"

狗一见狼愿意像自己一样为主人效力，就领着狼匆匆地向主人的房子跑去。

它们在一起跑的时候，狼看到狗脖子上有一圈明显的伤疤。

"你的脖子是怎么搞的？"狼问。

"是平时铁链子套在脖子上勒的。"狗不经意地答道。

"链子？"狼吃惊了，"难道你平时不能自由自在地随意走动吗？"

"不能完全随我的意，"狗说，"主人怕我白天乱跑，因此把我拴起来。不过到了晚上，我还有一定的自由。重要的是我可以吃到主人吃不了的食物,主人非常宠我……怎么啦,你怎么走啦,你要到哪儿去?"狗看见狼跑开了,它急切地喊。

"我要回到树林里去,"狼回头说,"你吃你的美食去吧,我宁可吃得糟糕点,也不愿意让链子拴住脖子,失去了宝贵的自由。"狼说完一溜烟地跑了。

成 长 智 慧

自由高于一切,我们不能为了生存而放弃自由。与其为了每天能吃上饱饭而一直受人管制,不如自由自在地追求真正属于自己的幸福。虽然追求自由可能要付出代价,但总比向人摇尾乞怜、苟且偷生要好得多。

第六章

学会放下与知足，幸福快乐自然来

生命中本就有太多的欲望，我们应该放下不该有的欲望；生命中本就有太多的沉重，我们应该放下一些包袱。学会放下，学会知足，我们才能幸福快乐。

安排自己的想法,安排自己的快乐

每个人都是自己命运的建筑师。——克劳狄乌斯

她已经92岁高龄了,身材娇小但仪态自若,并略带几分矜持。她每天早晨都在8点钟前穿戴完毕,头发做成时髦的样式,面部的化妆也十分精心完美,而她实际上已经双目失明。

今天,她要被送进一家养老院。她70岁的丈夫前不久去世了,她不得不住进养老院。

在养老院的大厅等候了数小时,当有人告诉她,她的房间已准备就绪时,她的脸上露出了甜甜的笑容。她转动步行器进入电梯,护士对她那小小的房间进行了一番描述,包括挂在窗户上的镶有小圆孔的窗帘。

"我真喜欢!"她说道,流露出的喜悦之情简直和一个8岁的孩子得到一个小狗一样。

"琼斯夫人,您还没有看到房间⋯⋯"

"这和看不看没有什么关系,"她回答,"快乐是你事先决定好的。我喜不喜欢我的房间并不取决于家具是怎样安排的,而在于我怎样安排我的想法。我已经决定喜欢它⋯⋯"

"这是我每天早晨醒来后做的决定:我可以选择接受变化,并且在种种变化中寻找最佳;我还可以选择担忧那些可能永远不会发生的'假如'。我可以整天躺在床上，琢磨我身体哪些部分不灵了，给我带来这样或那样的困难；我也可以从床上起来，对我身体还有许多部位能工作心怀感激。每一天都是一份礼物，只要我睁开眼睛，我就决定不去想那些已经'发生在我身上'的事情，而是专注于我已使之发生的事情。"

"我有5条简单易行的快乐法则：

1. 心中不存憎恨。
2. 脑中不存担忧。
3. 生活简单。
4. 多点给予。
5. 少点期盼。"

成 长 智 慧

每个人都有自己的想法，怎么想是由自己决定的。同样，每个人都有自己的快乐，想不想快乐也是由自己决定的。自己的想法由自己来安排，自己的快乐也由自己来掌控，这样才能拥有快乐的生活。

有些东西既然放不下,就要对它们负有责任

要使一个人显示他的本质,叫他承担一种责任是最有效的办法。——毛姆

有个中年人,觉得自己的日子过得非常沉重,生活压力太大,他想要寻求解脱的方法,因此去向一位智者求教。

智者给了他一个篓子要他背在肩上,然后指着前方一条坎坷的道路说:"每当你向前走一步,就弯下腰来捡一颗石子放到篓子里,然后看看会有什么感受。"

中年人就照着智者的指示去做,他背上的篓子装满石头后,智者问他这一路走来有什么感受。

他回答说:"感到越走越沉重。"

智者说:"每个人来到这个世界上时,都背着一个空篓子。我们每往前走一步就会从这个世界上捡一样东西放进去,因此才会越走越累。"

中年人又问:"那么有什么方法可以减轻人生的重负吗?"

智者反问他说:"你是否愿意将名声、财富、家庭、事业、朋友拿出来舍弃呢?"

那人答不出来。

智者又说:"每个人的篓子里所装的,都是自己从这个世上

寻求来的东西,一旦拥有它,就要对它负有责任。"

成 长 智 慧

我们常感觉到负担越来越大,是因为我们得到的多,想得到的更多。既然是自己得到了又不愿再失去的东西,或是还想得到更多的东西,我们就必须对已得到的和想得到的东西负有责任。只有这样,我们才能减轻人生的重负。

等待是一种经历,学会等待才能懂得幸福

被人爱和爱别人是同样的幸福,而且一旦得到它,就够受用一辈子。——列夫·托尔斯泰

有个年轻的小伙子,缺乏耐心,做什么事情都很急躁。有一次他与情人约会,去得太早了,姑娘还没来,他站在大树下面长吁短叹:"为什么连约会都要等待呢?做什么事都让人不开心。"

正在这个时候,一个神仙出现在他的面前,给了他一个钟表,说:"当你想要时间变快的时候,只要拨动表针,就可以事如所愿。"

小伙子高兴极了,他把表针向前拨动了一小格,情人马上出现在他眼前。他想:"如果现在能结婚就更好了。"于是他又转动了表针。婚礼上,他和情人并肩而立,悠扬的音乐和醉人的美酒都出现了。

他又想:"如果现在就是洞房花烛夜多好呀!"于是他又转动了表针,屋子里就只剩下他们两个人了。

他心中的愿望层出不穷,于是他不停地拨动表针,他得到了房子、吵闹的孩子,还有……

时间就这样飞快地过去了,生命很快就要走到尽头了。临死之时,他开始后悔自己以前做任何事都过于急切,还没有认真享

受生活,生命已经走到了尽头。如果可以重新来过,他一定等待,但是后悔已经晚了,因为那个神仙告诉过他,那个表针只能向前转不能向后转。他躺在床上追悔莫及,痛哭流涕。

就在这时,可爱的情人突然出现在他的眼前,她还是那么年轻美丽,周围鸟语花香,蓝天白云,小鸡在草地上悠闲地吃虫子,多好的一天呀!原来刚才的情形只是一场梦。

他高兴地跳起来,拉着情人的手说:"亲爱的,等你真是一种幸福!"

成长智慧

对待工作不应拖拖拉拉,要立刻行动起来。但人生中有些事,却是必须等待的。等待是一种经历,我们应该学会等待。只有学会等待,才能懂得幸福。

能够坚强地活着，就是一种莫大的幸运

如果你足够坚强，你就是史无前例的。——司科特·菲茨杰拉德

有一个青年人非常的不幸。

10岁时，他的母亲因病去世，他不得不学会洗衣做饭，照顾自己，因为他的父亲是位长途汽车司机，很少在家。

7年后，他的父亲又死于车祸，他必须学会谋生，养活自己，他再没有人可以依靠。

20岁时，他在一次工程事故中失去了左腿，他不得不学会应付随之而来的不便，他学会了用拐杖行走，倔强的他从不轻易请求别人的帮助。

最后他拿出所有的积蓄办了一个养鱼场。然而，一场突如其来的洪水将他的劳动和希望毫不留情地一扫而光。

他终于忍无可忍了，他找到了上帝，愤怒地责问上帝："你为什么对我这样不公平？"

上帝反问他："你为什么说我对你不公平？"

他把他的不幸讲给上帝听。

"噢！是这样，的确有些凄惨，可为什么你还要活下去呢？"

年轻人被激怒了："我不会死的，我经历了这么多不幸的事，没有什么能让我感到害怕。终有一天我会创造出幸福的！"

上帝笑了,他打开地狱之门,指着一个鬼魂给他看,说:"那个人生前比你幸运得多,他一辈子顺风顺水,几乎未遭遇过挫折,只是最后一次和你一样,在同一场洪水中失去了他所有的财富。不同的是他自杀了,而你却坚强地活着,这就是你的幸运……"

成 长 智 慧

幸与不幸之间并没有严格的分界线,全在于我们怎么看待这个问题。其实,只要能够坚强地活着,这本身就是一种莫大的幸运。因为只要坚强地活着,就会有希望,就会创造出属于自己的幸福。

在需要的时候得到满足，就是一种幸福

满足是一种心理状态，是一种心灵深处的需要。——阿·巴巴耶娃

从前，有一个人，他生前善良且热心助人，所以在他死后，他升入天堂，做了天使。他当了天使后，仍时常到凡间帮助人，希望感受到幸福的滋味。

一日，他遇见一个农夫，农夫非常苦恼，他向天使诉说："我家的水牛刚死，没它帮忙犁田，那我怎能下田作业呢？"

于是天使赐他一只健壮的水牛，农夫很高兴，天使在他身上感受到了幸福的滋味。

又一日，他遇见一个男人，男人非常沮丧，他向天使诉说："我的钱被骗光了，没有路费回乡。"

于是天使赐给了他一些路费，男人很高兴，天使在他身上感受到了幸福的滋味。

又一日，他遇见一个诗人，诗人年青、英俊、有才华且富有，妻子貌美而温柔，但他却过得不快乐。

天使问他："你不快乐吗？我能帮你吗？"

诗人对天使说："我什么都有，只欠一样东西，你能给我吗？"

天使回答说："可以。你要什么我都可以给你。"

诗人眼睛直直地望着天使："我要的是幸福。"

这下子把天使难倒了,天使想了想,说:"我明白了。"

然后天使把诗人所拥有的都拿走了。

天使拿走了诗人的才华,毁去了他的容貌,夺去了他的财产和他妻子的性命。

天使做完这些事后,便离去了。

一个月后,天使再回到诗人的身边,他那时饿得半死,衣衫褴褛地躺在地上挣扎。

于是,天使把他曾经拥有的一切都还给了他。然后,又离去了。

半个月后,天使再去看诗人。

这次,诗人搂着妻子,不住向天使道谢。因为,他得到了幸福。

成 长 智 慧

幸福是什么?一千个人就会有一千种答案。幸福本没有绝对的定义,平常一些小事也能感动你的心灵,幸福与否,只在于你的心怎么看待。在需要的时候得到满足,就是一种幸福。

钱多并不能使人真正快乐，快乐与金钱的多少无关

如果你把金钱当成上帝，它便会像魔鬼一样折磨你。——菲尔丁

古时候，有一位国王拥有无数的土地，也拥有数不尽的金银财宝，可是他仍然觉得不够、不满足，所以整天闷闷不乐。

一天，有个金仙子出现问国王说："国王陛下，您觉得到底要怎么样，才会快乐呢？"

国王想了想说："我要有一只金手指，只要我的金手指随便一碰触，什么东西都可以变成金子，那我就会很快乐。"

"真的吗？您真的想要一个金手指吗？您要不要考虑一下？"金仙子问道。

"不用考虑了，这是我一生中最大的梦想，只要有金手指我的梦想就能实现，我就会很快乐！"国王说。

于是，金仙子就把国王的右手变成一只金手指。国王只要随意一指桌子、椅子、盘子、墙壁……凡是他碰触过的东西都变成金的了。

哇，真是太棒、太高兴了！

国王跑到花园闻到阵阵花香，就顺手摘朵花来欣赏。可是，他的手一碰到花朵，花朵立刻变成金花，不再有香味。

国王又走到餐厅，闻到饭菜的香味，就垂涎欲滴地想饱餐一顿。

可是当他拿起盘中的鸡腿时，鸡腿瞬间变成金鸡腿。正当国王垂头丧气时，他最疼爱的小女儿跑了进来，国王高兴地抱起可爱的小女儿，可是，刹那间她变成了金女孩。

"混账，这是什么金手指，居然把我的女儿都变成了金人！"

国王大声怒吼："来人啊，去把那金仙子给我抓回来！"

可是国王再怎么寻找，也还是找不到金仙子。他又饥、又渴、又失去了心爱的小女儿。他虽然是世界上拥有金钱最多的人，但他却非常痛苦。

这一切对于他来说，都变成了挥之不去的梦魇。

成 长 智 慧

有些人因为没有钱而不快乐，以为有了钱就会快乐了。有了钱真会快乐吗？事实并非如此。据一项调查显示，100位百万富翁中，有92位感觉没有以前快乐。这说明，快乐与金钱的多少无关。

对于某些人来说,浅薄也是一种快乐

名人名言

简单也是快乐,越简单越快乐。——布莱克

被称为 20 世纪英国最著名的"用嘴巴思考"的英国思想家柏林,在论战中度过了他激烈的一生。一直到 97 岁,他才十分不情愿地去世了。

在过去的将近一个世纪中,从死去的康德、马克斯·韦伯到活着的哈耶克、维特根斯坦、维柯,无一不成为他攻击的目标。

然而，每一次论战又都落了同一个下场：柏林以他的偏执，再一次证明了对手的伟大和高远。

但是，数十年来柏林永远是一副洋洋自得的样子。

1957年，英国王室授予柏林"勋爵"的头衔。在晚会上，他的一名女友当面讽刺他说，女王的这个爵位是为了表彰他"对于谈话的贡献"而颁发的。这一刻，旁边的绅士们脸色都变了，唯有柏林还是一派好心情的模样。

晚年，为柏林写传记的作者伊格纳蒂夫忍不住问柏林："你为什么可以活得如此安详愉快？"

老柏林见左右无人，便俯下身子，低声回答说："我的愉快来自浅薄，别人不晓得我总是生活在表层。"

这就是柏林快乐的秘诀。

成 长 智 慧

高深虽然是有学识的表现，但却未必能得到快乐。因为高深要经过辛劳的努力与痛苦的思索，如果硬要说它是一种快乐，也只能是"痛并快乐着"。相比而言，浅薄虽然容易让别人瞧不起，但只要有良好的心态，那才是一种真真正正的快乐。

有些看起来很重要的东西,其实与幸福无关

幸福不是你拥有多少东西,而是你内心有多充实。——罗莎·卢森堡

郭木有一个做医生的朋友,几年前朋友到一个宾馆去开会,一眼瞥见领班小姐貌若天仙,便上前搭讪。小姐莞尔一笑,用一种很不经意的口气说:"先生,没看见你开车来哦。"这位朋友当即如雷轰顶,大受刺激,从此立志加入有车族。

后来他们在一起吃饭,几杯酒下肚之后,这位朋友告诉郭木,准备把开了一年的"昌河"小面包卖掉,换一部新款的"爱丽舍"。然后又问郭木买车了没有?郭木老老实实地回答,还没有,而且在看得见的将来也没有这种可能性。他同情地看着郭木:"唉,一个男人,这辈子如果没有开过车,那实在是太不幸了!"

这顿饭让郭木吃得很惶惑。因为按他目前的收入水平,买部"爱丽舍",他得不吃不喝地攒上好几年。更糟糕的是,他有一天终于买上了汽车,也许在他还没有来得及品味"幸福"滋味的时候,一个有私人飞机的家伙就会同情地对他说:"一个男人没开过飞机太不幸了!"那他这辈子还有救吗?

这个问题让郭木坐立不安了很长时间。如何挽救自己,免于堕入"不幸"的深渊,让他甚是苦恼,直到有一天,他无意中看

到了在台湾地区创立济慈医院的证严法师在一次讲法时说的一段话：有菜篮子可提的女人最幸福。因为幸福其实渗透在我们生活中点点滴滴的细微之处，人生的真味存在于诸如提篮买菜这样平平淡淡的经历之中。我们时时刻刻拥有它们，却无视它们的存在。

郭木恍然大悟。原来他的这位医生朋友在用一个逻辑陷阱蓄意误导他：没有汽车是不幸的；你没有汽车，所以你是不幸的。但这个大前提本身就是错误的，因为汽车与幸福并无必然的联系。

在一个成功人士云集的聚会上，郭木激动地表达了自己内心深处对幸福生活的理解："不生病，不缺钱，做自己爱做的事。"

会场上爆发了雷鸣般的掌声。

成 长 智 慧

一个人能够拥有健康，不愁吃穿住，并且有自己喜爱的工作，就已经是幸福的了。在追逐幸福时，不要只追求物质上的享受，有些看起来很重要的东西，其实与幸福无关。

无论在什么情况下,都可以生活得很快乐

一个人快不快乐,由心主宰。——狄慈根

一次机器故障导致工作中的比尔右眼被击伤,抢救后,医生摘除了他的右眼球。十分乐观的比尔,因为这次事故却成了一个沉默寡言的人。他讨厌上街,因为总是有许多人看他,看他的眼睛。

他的病假一再被延长,他的妻子负担起了家庭的所有开支,而且还要在晚上做其他兼职,她很爱这个家,很爱自己的丈夫。

妻子认为丈夫心中的自卑总有一天会消除的,那只是时间问题。但糟糕的是,比尔左眼的视力也受到了影响。在一个阳光明媚的早晨,比尔问妻子谁在他家的院子里踢球时,苔丝吃惊地看着自己的丈夫和正在踢球的儿子。

以前,儿子即使在更远的地方踢球,他也能看出来。妻子什么也没有说,只是走到丈夫的身边,轻轻地抱住他的头。

比尔知道了结果,并说:"亲爱的,我已经意识到以后会发生什么。"妻子的泪就流下来了。其实这种后果已经在妻子的意料之中了,只是她怕丈夫受不了这种打击,请求医生不要告诉他。

妻子知道比尔很快就见不到光明了,她想为丈夫多留下点关于美丽的记忆。她每天把自己和儿子打扮得漂漂亮亮的……

在比尔面前,不论她心里多么悲伤,她总是努力微笑。这是妻子在比尔能看到的时候让他看到的。

一天,比尔说:"亲爱的,我发现你新买的套裙那么旧呢?"

苔丝冷静地说:"是吗?"她奔到一个不在比尔视线内的角落里,哭了。因为她那件套裙的颜色在太阳底下绚丽夺目。妻子想,还能为丈夫留下什么记忆呢?

妻子想把家具和墙壁粉刷一遍,就请了一个油漆匠,她想让比尔的心中永远是一个新家。

油漆匠每天快乐地工作着,他一边干活还一边吹着口哨。一个星期后他把所有的家具和墙壁都粉刷好了,他也了解了比尔的情况。

油漆匠对比尔说:"对不起,我干得很慢。"

比尔说:"你每天都那么开心,我也为此感到快乐。"

算工钱的时候,油漆匠少要了100美元。妻子对油漆匠说:"你少算了工钱。"

油漆匠说:"我已经多拿了,一个等待失明的人还那么平静,你告诉了我什么叫勇气。"

但比尔却坚持要多给油漆匠100美元,比尔说:"你也多给了我一份,知道了原来残疾人也可以自食其力,并生活得很快乐。"

原来,油漆匠只有一只手。

成 长 智 慧

在遭遇挫折和不幸时,不要对生活失去信心,更不要自暴自弃。无论在什么情况下,只要保持乐观的心态,都可以生活得很快乐。

结束语

"海阔凭鱼跃,天高任鸟飞",只要你的方向正确、敢于拼搏,成功会给你提供发展的舞台。

在这个舞台上,即使没有世人的掌声,也要用心灵奏乐,将自己先征服,先感动。你不能做到让所有人都认可你,但你可以做到让自己认可自己。有些人经受不住打击,没有外界的掌声,他们便失去努力的方向,渐渐消沉;而有些人,就算身处黑暗之中,依然可以用心灵为自己点亮一盏明灯,照亮前方的路。

格局小的人,舞台不会大。格局大的人,舞台才广阔。人活着,一定看得长远一点,一定要从当下的生活中抽离出来,以更大的格局俯视人生。你的心有多大,你的舞台就有多大。在这个舞台上,你可以尽情地演绎属于你自己的人生之剧——你是唯一的主角!

坚持你的梦想,让你的梦想在舞台绽放。你无怨无悔的坚持,你脚踏实地的努力,终将成就美好未来!